FINANCIAL

Institutional Finance and Its Application to Financial Innovation.

制度金融与金融创新应用分析

王剑锋 / 编著

对外经济贸易大学出版社
University of International Business and Economics Press

图书在版编目（CIP）数据

制度金融与金融创新应用分析／王剑锋编著. —北京：对外经济贸易大学出版社，2017.10
ISBN 978-7-5663-1852-7

Ⅰ.①制… Ⅱ.①王… Ⅲ.①金融改革-制度建设-研究 Ⅳ.①F830.2

中国版本图书馆 CIP 数据核字（2017）第 260018 号

制度金融与金融创新应用分析

王剑锋　**编著**
责任编辑：汪　洋

对外经济贸易大学出版社
北京市朝阳区惠新东街 10 号　邮政编码：100029
邮购电话：010-64492338　发行部电话：010-64492342
网址：http：//www. uibep. com　E-mail：uibep@ 126. com

北京九州迅驰传媒文化有限公司印装　新华书店经销
成品尺寸：170mm×240mm　13 印张　187 千字
2017 年 10 月北京第 1 版　2017 年 10 月第 1 次印刷

ISBN 978-7-5663-1852-7
定价：40.00 元

阅读本书应当把握的问题

1. 本书的核心观点是什么?

本书的核心观点是：金融即合约，金融创新即金融合约创新同时也是金融制度变迁。

2. 如何看待多种金融定义间的差异性?

由于所依托研究方法或研究视角的差异，人们对金融的理解不尽相同。从这个角度看，金融的定义应该是多维度的，不同界说分别反映了金融的某一个方面，均有其合理之处，有助于形成完整的金融观。本书对金融范畴的界定，主要源于制度与合约的研究视角。

3. 本书最主要的理论特色是什么?

本书最主要的理论特色是总结提出了金融的合约范式，把“合约”视为最基本的金融分析单元，并将其作为打开金融业务（工具、产品、模式）黑箱的工具，进一步夯实了金融分析的微观基础。

4. 金融的合约范式可用来支撑哪些领域的研究工作?

金融的合约范式可用于金融体制、金融制度、金融创新及金融史等非数码化信息问题的研究，并与金融的数码化分析相配合共同构建完整的金融观。

5. 金融的合约范式可能对金融学理论体系结构产生哪些影响?

金融的合约范式，通过将信用的金融学推广为信用合约的金融学，进一步缩小了金融分析的基本单元。这在强化金融的微观经济学基础的同时，还有助于建立更为统一的金融分析框架。

6. 金融的合约范式与已有的金融合约理论有何区别?

已有的金融合约理论主要是指融资（资本）结构理论，是关于组织的金融合约理论。金融的合约范式则以金融工具（业务）的设计与运行为中心，进一步强调了工具的金融合约，可与组织的金融合约共同构成广义的金融合约理论。

7. 金融的合约范式与制度金融具有怎样的关联？

已有的制度金融分析重视吸收制度经济学的研究方法。本书以此为基础，同时还强调对合约理论的借鉴。金融的合约范式与原有范式间虽然存在一些差异，但考虑到制度与合约的内在关联，本书将其定位为“制度金融”范畴的拓展。

8. 本书具有什么样的应用价值？

第一，本书强调了金融的经济学定义及其福利含义，基于监管视角，既可为金融服务实体经济功能的评价体系构建提供支持，也能给金融创新与伪创新间的区分提供依据和线索。

第二，本书通过合约理论、风险理论与创新理论在金融领域的交汇与融合，尝试挖掘出制度金融的微观管理内涵，提炼出金融创新的应用分析框架，使其成为与市场需求相适应的应用金融专业技能的组成部分。

第三，为便于读者理解和掌握金融创新应用分析框架，本书在正文中提供了 7 个金融创新应用案例，并在附录中给出了金融创新应用分析的参考性研究结构。

9. 科技与管理在金融创新中具有什么样的关系？

第一，研发和引进能够兼顾性价比与前瞻性的新技术，有助于降低金融服务诸环节的生产成本。

第二，通过组织建设或社会建设塑造出新的信用结构，能够节约交易成本、提高信用水平。

第三，技术进步与组织建设在金融创新中的内在关联是：一方面，组织建设能够节约交易成本，这有助于将资源更多地用于具有“生产性”的研发支出并由此促进科技进步；另一方面，技术进步又会通过降低社会诸环节的生产成本，间接推动组织建设型金融创新的实现。

10. 在实践中，金融创新有哪些可能的实现途径？

第一，时刻关注科技领域的最新动态，在权衡性价比与前瞻性两大因素前提下引入最适宜的新型科技手段。

第二，按照因地制宜、就地取材的原则确定新型“组织”，进而通过组织建设型金融创新改善信用合约结构，实现金融创新的本土化。

11. 金融合约创新与组织建设型金融创新，两者之间的关系是什么？

金融合约创新是学术称谓，组织建设型金融创新是政策语言，两者在理论上具有同质性。

12. 金融创新语境下的组织建设与社会建设的区别与联系是什么？

在制度与合约理论层面，两者具有统一性，都可以理解为支撑辅助交易的组织要素。但在现实当中，组织建设较侧重微观层面金融机构的创新与决策，社会建设则更侧重区域与国家层面的文化与制度建设。

13. 本书适用于什么样的读者？

在读者群体的定位上，本书既可用于中高年级本科课堂，也可满足硕士阶段学习的需求，对社会上希望了解制度金融与金融创新议题的人士亦有重要的参考价值。

前　　言

本教材的编写主要基于如下两个背景：第一，部分课程在转型期金融专业人才培养中曾长期发挥着重要作用，然而伴随着社会科学研究的总体进步与应用实践日新月异的变化，也逐步显现出与金融专业能力培养相脱节等一系列问题。这些不足表面上看是教学方面的，但究其根本却会发现，它们其实是中国“本土”金融学科处于发展困境的教学投射。具体来说，虽然老一辈金融学人凭借“斯密式”的杰出贡献，在相对封闭的学术环境下建立了比较完整的金融学体系，但由于在科学范式与科学实证主义方面的局限性，该体系在实现可持续发展方面还存在薄弱之处。自改革开放以来，教学与研究的国际化逐步加速并带来了更具竞争性的学术环境，以此为契机，中国金融学在面临新古典金融学与西方经济学理论双重“压力”的同时，也获得了两个新的发展维度：一是借鉴新古典金融学范式，将财务和若干量化手段应用于金融领域，提高金融的数码化水平及可计算性；二是更多地从现代经济学理论中吸收最新成果，持续推动金融基础范式的微观化，并形成金融理论与财务和量化方法交互融合的发展模式。从目前的总体情况看，学界对第一类发展维度的借鉴更多一些，且主要以新开课程的形式出现；第二类则相对滞后，其具体影响是，部分课程对研究方法的吸收明显不足，尚未实现范式的更新与发展，教学内容的微观化与应用化仍然存在较大的提升空间。比如，在一些课程的教学内容里，有关金融业务描述性介绍的篇幅还占据着较大比重，但对于相关产品和业务是如何被设计出来的，以及应该怎样根据新的形势和环境创造出新的金融产品或业务模式，这些与金融专业能力紧密相关的内容，则较少提及。上述问题也意味着，对于相关教学内容需要做出必要的完善。制度金融学既重视相关范畴的微观理论含义及其以优化为目标的数理工具，又强调包括文化、社会与政治在内的，能够连接历史、现实与未来的制度因素并实现所谓历史理性的分析，在支持案例研究的同时，还有利于将计量实证方法拓展至制度与合约领域，故而可在金融学科发展完善的过程中发挥重要作用。

第二，在目前的金融学课程体系安排中，存在着量化方法与非量化方法“一手硬、一手软”的现象，这不利于学生建立完整的金融观。从实践角度看，金融工具或金融业务的设计，既包括侧重数码化信息的量化视角，也涉及聚焦非数码化信息的结构与流程视角。这两个视角分别受到数量方法与制度合约方法的支撑，后者主要在金融合约（产品）设计领域发挥作用，聚焦于其中的核心环节——信用机制的构造，前者则重点应用于金融合约的定价及其在二级市场的交易与投资。两者在实践中唯有相得益彰才能切实提高金融绩效。但从教学内容建设的现实情况看，如果说数码量化领域已经较好实现了产学互动的话，那么在制度与合约方法方面的教研工作，目前还明显落后于实践。在作者看来，之所以形成以上局面，可能和学界对金融学知识体系理解上的局限性有关。本书希望能在这方面做一些探索和尝试。

制度金融学的称谓在国内大体形成于二十世纪九十年代末，中国人民大学财政金融学院的张杰教授从信息经济学与制度变迁理论角度，武汉大学经济与管理学院的江春教授从产权理论角度，分别针对制度范式与金融研究的结合问题做出了奠基性的贡献。以此为基础，本书侧重于两方面工作：第一，进一步引入作为微观经济学前沿的合约理论以及制度经济学的部分新成果，在对已有金融范畴进行评析的基础上，尝试提出金融的合约范式，在增强“制度与合约方法”应用于金融领域的广度和深度的同时，进一步完善和拓展金融的微观基础。需要说明的是，这里所称的“合约范式”并不是指金融中的某些形式是合约，而是说“金融即合约”。第二，努力实现合约理论、风险理论与创新理论在金融领域的交汇与融合，同时加大金融创新案例分析的篇幅，更多地挖掘出制度金融的微观管理内涵，使其成为应用金融技能的组成部分。

以金融工具的供求为界，金融研究对象可被划分为需求侧和供给侧两大领域。作为分析工具的制度与合约方法，尽管既能以公司、个人等需求侧主体为重点，也可侧重于各类金融机构及金融监管者，但考虑到金融工具既是金融创新的主要对象，又是资金融通得以实现的关键载体，因而本书的内容安排选择以金融工具合约为核心。教学内容的设计思路是，在阐述金融合约范式基础上构建出服务于金融创新的应用分析框架，而后通过若干不同领域和角度的金融创新案例分析，展示出上述框架在实践中的应用含义。因而，本书虽定位为教材，但由于强调应用导向的案例分析，故而并非只局限于教学用途。在读者群体的定位上，既可用于中高年级本科课堂，也可满足硕士阶段学习的需求，对社会上希望了解制度金融与金融创新议题的人士亦有重要的参考价值。本书除了在理论方法篇列出了概念和简述题以外，在案例分析部分的每个案例最后还提供了部分讨论性题目，教师可根据课堂情况灵活使用。同时，为了方便教师给学生布置金融创新案例分析作业，作者还以附录的形式提供了分析报告的参考性结构，教师可根据需求对此做出调整。当然，作者也深知，要将一类可能影响理论体系结构的新方法融入到金融学中，还有许多工作要做。基于这一背景，本书一定还存在着许多不足。另外需要说明的是，作为重要研究工具的制度与合约理论同样是非常庞大的理论体系，其中有很多内容本书并未完全涉及。但结合金融学体系的现状，本教材的主要定位是“抛砖引玉”，将制度与合约尤其是“金融即合约、金融创新即合约创新亦是金融制度变迁”的思路融入到金融分析中来，未及部分可据此进行拓展和完善。

在本书的酝酿与写作过程中，南开大学经济研究所的邓宏图教授给予过重要的启示与帮助。跨校异地组织“制度经济学与合约理论讨论班”并不是一件容易的工作，但好在有微信等便捷的沟通工具，能够让我们“生活”在同一个既有学术情怀又有学术激情的网络社区中。分处两地的研究小组也总能第一时间分享研究资料与心得。在合作开设博士生课程“金融制度与金融合约专题”过程中，与颜建晔副教授、粟勤教授的诸多探讨，让我受益匪浅。对外经济贸易大学金融学院的郭红玉教授、范言慧教授、张海洋副教授、宫迪博士和李昭博士，中国社会科学院金融研究所的彭兴韵教授，也曾经在不同阶段和方面提出过意见和建议，唐春梅老师在研究资料方面给予过支持。我的博士生张超、周子彦和吴京承担了部分案例资料的编纂与整理工作。本书所涵盖的教学内容曾在“货币银行学”、“应用经济分析”以及“金融制度与金融合约专题”课堂上进行过讲授。对外经济贸易大学出版社的编辑，在版式设计、内容体例及文字校对与润色方面提出了很多重要建议。在这里一并对各位老师和同学表示感谢。最后不得不说明的是，受到作者学术水平的限制，本书一定还存在这样或那样的不足，很多看法也只是一家之言，未必正确和准确，希望各位专家和读者给予批评和指正。

王剑锋

2017 年 8 月 20 日

于海淀世纪城

目　录

案例分析篇

理论与方法篇

本篇主要涵盖两部分内容：第一部分是制度经济学与合约理论概述。首先，介绍交易范畴及其应用含义、制度的定义与分类以及制度变迁理论等内容。其次是合约范畴、完全合约理论与不完全合约理论的概述。第二部分则聚焦于金融的合约范式及其应用思路，主要逻辑：第一，在对金融已有范式做比较分析的基础上，明确金融的合约意涵，并尝试以此挖掘出若干传统研究范畴的合约含义，强化其微观基础，实现研究范式的转换；第二，对制度金融学体系的定义、结构、研究逻辑与研究价值做必要的界定与说明；第三，作为金融合约范式的重要应用，构建出金融创新的应用分析框架并进行阐释。

第一讲 制度经济学与合约理论概述

学习目标：制度经济学与合约理论是制度金融学两个最主要的研究方法来源。通过本部分的学习，应掌握制度经济学与合约理论的相关概念、研究工具与主要脉络。主要概念包括：交易、制度、正式制度、非正式制度、内在制度、外在制度、辅助交易、核心交易、合约、即时合约、非即时合约、静态合约、动态合约、显性合约、隐性合约、完全合约、不完全合约、资产专用性、交易成本。需要重点掌握的内容有：制度的结构与制度要素、内生制度变迁理论、完全合约理论、不完全合约理论、制度范畴与合约范畴的关系。

重点和难点：交易、制度、制度变迁、辅助交易、准参数、完全合约、不完全合约、制度范畴与合约范畴的关系。

一、制度经济学概述

（一）交易范畴及其应用含义

按照格雷夫（2008）的观点，交易是指把某种实体（entity），如商品、社会态度、情感、观点或信息从一个社会单位转移到另一个社会单位时所采取的行动。这些社会单位可以是个体行为者、组织或其他实体。[①] 因此，交易可以是经济性的（如提供经济奖励）、政治性的（如议会中投票）或社会性的（如提供社会支持），交易也可以包含遭受痛苦或分享情感。这个定义并没有断言交易发生的原因或形式。交易

① 其他实体也可以是上帝或祖先等精神象征，代表人们可从中获得的情感慰藉。

可以是自愿的，像经济学通常所假设的那样，也可以是非自愿的或强迫的，合法的或非法的，单向的、双向的或多向的。

（二）制度、制度分类与制度的基本功能

按照诺斯（2014）的观点，制度是社会的博弈规则，或更严格地说，是人类设计的制约人们相互行为的约束条件，包括正式规则、非正式约束以及它们的实施特征。青木昌彦（2001）把制度定义为参与人主观博弈模型中明显和共同的因素，即关于博弈实际进行方式的共有信念，更为强调实际有效的制度内容。在格雷夫（2008）看来，制度是规则、信念、规范和组织共同作用导致行为秩序产生的一个系统，强调制度是共同作用于行为秩序的社会因素结合在一起的系统。在三类定义中，格雷夫（2008）对制度的看法体现了合约含义，更有助于构建微观分析框架。

1. 制度的分类

可以按照诸多标准对制度进行分类。首先是正式制度与非正式制度。正式制度主要是通过国家法律、行政法规、政府政策和命令等形式表现出来，由人有意地设计并由组织加以保障实施的规则。这些制度的实施常常有强制力作为保障。非正式制度是指不是由人有意识地设计、制定出来的，而通常是自然而然演化出来的，它的实施也不是有组织的，而是依靠非正式的实施机制保障。非正式制度中，比较典型的如各种习俗、语言、道德伦理规范等。正式制度与非正式制度有可能一致，也可能是不一致的。当二者一致时，正式制度常常能够被自动遵守，正式制度的实施成本会低得多；而如果正式制度和非正式制度相冲突，则正式制度的实施成本会比较高。

其次，内在制度和外在制度。内在制度是指在社会中通过一种渐进式反馈和调整的演化过程而发展起来的，体现了过去曾经最有益于人类的各种解决办法，是随经验演化而来的规则。内在制度包含了诸如习惯、伦理规范、礼仪和习俗等，自然法也是典型的内在制度。当内在制度被违反时，它的实施机制是非正式的惩罚机制。内在制度大多具有自

动实施性，如各种伦理和习惯许多都被共同体成员自愿、自动地遵守和执行。内在制度一般都是纳什均衡，即交易各方能够就大家如何博弈达成一致性预测。如果所有参与人预测一个特定的纳什均衡将出现，这个结果就会出现。当纳什均衡针对的是制度选择的时候，制度会在重复博弈中不断得到执行、加强或弱化。外在制度是指不是自然演化出来的，它是由统治共同体的政治权力机构自上而下地设计出来、强加于社会并付诸实施的。外在制度的实施，需要设定一个权威机构以有组织的方式来执行惩罚机制。二者的区分标准在于起源不同，内在制度是演化的，而外在制度是人为设计出来的。

德川时期日本灌溉系统的例子

1600—1867年的日本德川时期，江户德川幕府在政治上实行集权，国内一片太平，人口迅速增长。据统计，1600—1721年，人口年均增长1%。人均土地减少，改进灌溉系统的压力越来越大。日本农业当时实行的是分散带状播种系统，即每个成片的稻田由不同农户占有，分散分布，相互交错，只能采用“交叉灌溉”的方式。而灌溉系统要求集体协调和共同努力，包括维护设施正常运转，定期清除水渠的淤泥、杂草等工作。枯水期，村民甚至需要加入同上游或下游邻近村庄为争夺水源而发生的“抢水械斗”。插秧时节以及接近夏末时，为了阻止稻秆过快增长，抽干稻田淤水也离不开协调一致的努力。然而，公共灌溉系统具有公共性，容易受到“搭便车”行为的困扰。此外，德川时期，实行军事政治权力和乡村社会分离的制度，武士必须居住在江户或藩政府的城堡中，由此带来的影响是，缺乏外部实施机制。但在上述背景下，农村地区却经由关联博弈内生出了社区规范，具体内容包括：禁止偷懒者参与村庄其他日常社会、政治和经济生活；回绝偷懒者在紧要时（比如盖房子和照顾病人）希望有人帮忙的请求。上述措施构成一种可信的威胁，对维持公共品提供上的高水平合作具有明显的正面影响。［引自青木昌彦（2001）］

2. 制度的基本功能

制度的基本功能主要包括如下五个方面：第一，减少不确定性。人们在交往的过程中减少不确定性、形成合理的预期非常重要，不管是经济生活、政治生活还是人们的日常生活都是如此。制度能够减少未来预期的不确定性。第二，减少机会主义行为和促进合作。在熟人社会中，人们相互之间的合作可能常常能够达成，但是，要确保在一个匿名社会中大家也能形成合作，制度就显得非常重要。制度常常能为当事人的合作提供保障，规范人们的选择范围，限制机会主义行为。比如，合同法使得当事人自由签订的契约具有法律效力，从而能够得到国家强制力的保护，任何一方都不敢轻易违约，否则会被追究责任。第三，降低交易成本。制度具有抑制机会主义的功能，因而制度也同时具有了减少交易费用的功能。第四，外部性内在化。从制度经济学角度看，外部性是这样一种现象，在现有制度或规则下产生了新的利益或损害，而制度却不能明确界定这些利益或损害。调整和完善相关的制度，实质上就是明确新的利益或责任是谁的。因此，权责的明晰化也就是将外部性内在化的过程。比如，知识产权制度可以通过保障创新者的利益，将知识产权保护制度缺失情况下的正外部性内部化，激励创新行为。第五，提供激励和约束机制。制度在确定规则时规定了人们可以做什么、不可以做什么、应当做什么，这些规则实际上成为各种不同主体决策的约束条件，同样，这些规则也影响了不同主体行为的成本和收益状况，制度因此而具有了激励和约束的功能。

3. 制度与博弈均衡

按照格雷夫（2008）的定义，制度是个系统，包括若干制度要素：规则、组织、信念和规范。博弈均衡是纳什均衡。稳定存在的制度都是纳什均衡。外生制度（外在强制力量）与内生制度（无外部力量）都是纳什均衡，但有两点差别：第一，博弈环境不同，故而策略和支付矩阵不一样。第二，前者有外部强制力量的参与，后者一般没有。在外生制度里，作为制度要素的组织对应外部强制力量，而就内生制度来说，作为制度要素的组织则往往对应所在社群及宗教等团体。

（三）比较制度分析方法与制度变迁理论

制度比较是特定主体在一定的价值取向或偏好前提下，按照一定的标准对不同制度的优劣进行比较，包括纵向比较和横向比较。一个国家、地区或组织，在对不同制度进行选择时，首先要进行比较。比如，在资本主义和社会主义之间的比较与选择，在传统计划经济体制与社会主义市场经济体制之间的比较与选择，以及在市场和企业之间的选择。制度选择是在按照一定的标准进行评价的基础上在不同的制度之间做出取舍。同样存在纵向选择与横向选择的问题。制度变迁就是制度的纵向选择过程，即选择新的制度安排而放弃原来的制度安排。横向选择是特定主体在不同的制度安排中做出选择，在新设计出来的或已经存在的各种制度安排中做出选择。人们对制度标准（或制度不同维度）赋予的权重不同，其对制度选择的依据就不相同。

制度的稳定是指制度处于没有否定因素或否定因素不足以威胁其现状的状态，也即制度生命周期中的安全生存期。此时制度的供给正好等于制度的需求，人们的利益矛盾处于温和状态。制度均衡是制度稳定的基础或条件。制度变迁是指新制度（或新制度结构）产生、替代或改变旧制度的动态过程，是一种效率更高的制度替代原制度的过程。制度的非均衡只能说明制度处于非稳定状态，具有了变迁的可能性，但并不等于制度的变迁。制度可以在稳定状态下存在，也可以在非稳定状态下存在。有些情况下，非稳定状态的存在还会维持较长时间。“大乱之后必有大治”并不总会实现，而且有时“大乱”时间会比较长。

针对制度变迁主体是否存在的问题有两种观点，一种是无主体论，即强调自然演进的达尔文主义，另一种则认为制度的变迁完全是由人的意志决定的，是人们设计、选择的结果。事实上，有一些制度变迁是无主体的自然演化，另一些制度变迁是特定主体有意识推动的，两者可以共存和互补。只要是有意识地推动制度变迁或者对制度变迁施加影响的组织和个人，都是制度变迁的主体，并不仅仅局限于领导者，也不一定是某种制度的直接设计者或摧毁者。

制度特别是经济制度与生产力发展的内在矛盾，是经济制度变迁的动力来源。在对制度变迁方式的理解方面，诺斯（2014）强调了“渐进式变迁”与“革命式变迁”的区别与联系。“战争、革命、武力征服”以及自然灾害都是非连续性制度变迁的源泉。但由于社会中非正式约束的嵌入，并没有完全的非连续性变迁；非连续性的变迁也并不是完全不连续的。比如，新中国成立，直接改变的主要是社会政治生活中的名义规则，而社会生活的很多其他方面并没有发生立竿见影的变化。这些非正式制度会使得正式制度变化具有“历史黏性”特征。

制度变迁主体大多被假定为追求利益最大化的主体，他们从事制度创新主要是为了最大化自己的收益。只有当制度变迁有利可图、创新比不创新更合算时，才会发动创新。诺斯（2014）论证了“相对价格变化”是制度变迁的原因，它创造了一个建立更有效制度的激励。“相对价格变化”被诺斯（2014）赋予了非常广泛的含义，所有关于“成本-收益”的变化，当然包括制度变革本身的成本与收益的变化，都包括在其中了。制度变迁主体对相对价格变化的关注，也就是对成本与收益的比较，都被纳入了经济人追求自身利益最大化的行为之中。只有当相关主体预期抓住这种相对价格变化的机会进行制度创新能使之获益时，才会发生制度变迁。导致相对价格变化的成因有三个：一是要素比率的变化，比如欧洲鼠疫导致大批劳动力死亡却带来人均资本量的上升。二是技术变革，比如互联网信息技术对各类商业模式相对成本的影响。三是组织创新，最典型的例子是生产流水线的出现。

阿西莫格鲁（Acemoglu）对相对价格的进一步拓展

Acemoglu 提出了所谓“制度逆转”现象。制度逆转是指在15—18世纪之间，在欧洲以外的不同地区出现了制度及其经济绩效的逆转。原来处于领先地位的中国、印度、拉美相对下滑，而美、加、澳、新等地却开始领先增长。据此，Acemoglu 总结出了“经济盈利性和定居可能性”范式：欧洲殖民者根据“经济盈利性和定居可能性（死亡率代表定居成本）”，采取拓殖型殖民地（美、加、澳、新）、掠夺型殖民地（中、印等）及经商口岸型殖民地（香港）三种不同的殖民政策。殖民者在美、加面对的是土著，因而推倒重来、移植制度和文明的成本更低，移民成本更低。在中、印面对的是几千年的文明，则会面临更多的潜在冲突和更高的移民成本。[引自阿西莫格鲁（2015）]

相对价格的变化使参与方感知到，改变协定或契约将使一方甚至双方的处境得到改善。因此，针对契约进行再协商的意图就出现了。既可以是在现有的约束集合中作选择，也可以是改变约束。有时候，如果不能重构一套更高层面的规则，再协商或许就无法进行。当影响规则及其实施的报酬足够大时，他们将出资创建一些介于经济组织与政治体系之间的中间组织，获取政治变化的潜在收益，改变正式的政治与法律制度。比如，当2013年互联网金融蓬勃发展时，银行存款增幅明显下降。中国人民银行发文限制后，阿里巴巴集团主要创始人马云曾说“文件打败了技术，政府应减少干预”。在这种情况下，阿里显然具有重构制度的动力。

格雷夫（2008）构造的制度结构，将交易划分为辅助交易与核心交易。其中，辅助交易是产生与其他交易中的行为有关的信念的交易。比如，法庭的存在可以产生“不守信将受到惩罚的信念”。从这个意义上说，法庭与人们之间的“交易”是辅助性交易。而当制度在一个交易中产生了行为，我们就称这个交易为核心交易。“上帝将惩罚行骗者”的信念将经济交易与人神之间的辅助交易联系起来。这样的共同信念，在超我和自我之间创建了联系。诺斯（2014）认为，组织是在制度约束下为实现一定目标而创立的个人团体，组织因其活动而成为了制度变迁的代理实体，并成为推动制度变迁的动力。这也意味着，制度提供的是行为的规则，而组织则是规则约束下的行动主体，它是一个决策单位，与制度约束下的每一个自然人一样，在规则约束下追求自身利益的最大化。与诺斯相比，格雷夫非常强调组织在制度中的作用，认为组织是制度要素之一，包括法庭在内的组织为辅助交易提供了支撑，并由此形成了制度。

格雷夫（2008）通过将制度分析与博弈论相结合，较好地解决了制度变迁内生性的问题，即除了外部因素导致相对价格变化的渠道外，引起制度从均衡到不均衡的因素是什么。在短期，博弈参与人面对的制度是稳定的，或者说博弈参数是不变的，即制度处于均衡状态。但参数却包括社会属性与个人属性两个方面，长期具有可变性，格雷夫（2008）在此基础上提出了准参数的概念。准参数指的是短期不变、长期可变的因素，比如财富水平、宗族的社会身份等。准参数因素在短期内可以强化制度的自我实施性，即使得制度变得更加稳定和均衡，但也具有弱化制度自我实施性的作用，改变辅助交易，为该制度的灭亡埋下种子。

美国奴隶制如何走向解体

在美国出现了这样一种现象，奴隶向奴隶主购买卖身合同。但作为他人财产一部分的奴隶本人，靠什么办法买下自己的卖身合同呢？这一现象源于奴隶主与奴隶关于劳动能力信息的不对称。如果对奴隶的劳动成果要求过高，可能使其过早失去劳动能力。为了最大化自己的财富，奴隶主通常会留有余地，使奴隶也有利可图。由于存在监督成本和逃亡后的抓捕成本，出于私利，奴隶主会容忍奴隶拥有并积蓄一些财产。这给一部分奴隶赎身提供了可能的途径。同时，追捕逃亡奴隶所花费的成本越高，奴隶制废除的可能性就越大。初期，黑人即奴隶，单凭肤色就可低成本地抓回逃走的奴隶。但后来随着实现赎买的奴隶数量越来越多，抓捕逃走奴隶的成本越来越高。奴隶制正是在这个过程中走向了崩溃。[引自巴泽尔（1997）]

在上述案例中，奴隶自身的经济状况就是“准参数”。短期内奴隶的经济状况不会发生大的变化。但长期积累后，奴隶的经济水平会出现明显提高，并引起辅助交易——抓捕成本——上升。随着自由奴隶的增加，奴隶逃跑的收益和成本开始发生改变，即被抓回的风险越来越小。据此，辅助交易中“逃离必受严惩”的说法不再可信，并成为奴隶制逐渐走向瓦解的重要因素。

商人行会制度的建立

> 促进贸易扩张的相关制度建立在这样一个基础上，即统治者担心失去他们保护外国贸易商权利的声誉。统治者之所以重视这个声誉，是因为他们从贸易商支付的关税中获益。然而，随着贸易的扩张，对统治者来说，边际商人未来关税价值逐步下降，从而削弱了该制度的运行，即统治者会没收边际商人财产，而不再尊重产权、获得关税。
>
> 在这种情况下，双边甚至多边声誉机制不再有效。由于任何商人都可能在不同地区成为“边际商人”，因此他们有动力进行协调合作，激励统治者保护商人产权。而要使商人们的“报复”变得可信，就需要新的支持性组织，即商人们要结成更紧密的组织并建有内部惩罚机制，确保集体行动的可信性。在成员的支持下，行会的垄断权带来了源源不断的租金，而租金又约束成员们遵守针对统治者违规行为的集体行动。[引自格雷夫（2006）]

商人行会组织通过协调行动和确定什么是侵犯行为的相关规则，增强了共同的自我实施的行为信念，制约了统治者的不守承诺问题，有利于贸易的扩张。在这个过程中，商人行会组织就是作为商人行会制度中的制度要素而存在的。贸易规模是其中的准参数。贸易规模越大，统治者对单个商人的威胁越大，商人组织起来协调集体行动的收益就越大。

在制度变迁过程中，如果市场是有效率的，那么任何选择都将是有效率的，亦即行为人的模型总是正确的，即便他们起初的模型不正确，信息回馈机制也会帮其改正。但在诺斯看来，现实当中的人们常常不得不在信息不完全的情况下行动。这会带来政治和经济市场的高额交易成本，并催生无效率产权。在所谓有限进入的社会秩序中，国家设定有限的进入而创造经济租金，而这些租金又被社会的精英阶层用来支撑现存政治制度和维系社会秩序。不断创生出有限进入的一些有特殊价值的权利，而这些特权又为利益集团享有。

二、合约范畴及其应用含义

（一）合约范畴的界定

在经济学视角下，合约指的是交易双方做出的一些约定，一般是指双边合约。这种双边合约是一种协议，指交易双方就交易的条款在协商后达成的一致意见。其中合约各方保证，就双方认为充分的或等价的对象按协商的条件进行交易。可以从很多方面对合约进行分类，主要包括：第一，即时合约（无合约）与非即时合约；第二，静态（一次性）合约与动态（重复性）合约；第三，双边关系合约与多边关系合约；第四，显性合约与隐性合约；第五，完全合约与不完全合约；第六，信息甄别型合约与信号发送型合约。其中，显性合约可以通过第三方来保证实施，隐性合约则需要作为各方相互作用的均衡来维持。隐性合约要求，在没有外在的强制力约束时，当事人会自觉地遵守这个协议。“自觉遵守”意味着协议构成纳什均衡，即给定别人遵守协议的情况下没有人有积极性偏离协议规定的自己的行为规则。如果一个协议不构成纳什均衡，它就不可能自动实施。

作为研究工具的合约理论具有如下一些主要特征：第一，以局部均衡分析为主。大多数情况下，合约理论涉及的是局部均衡模型，即从整个经济中分离出一种（有时是两种）商品的市场来进行分析。第二，通常考虑两个参与方。合约理论描述的是少数几个参与方的相互行为关系。第三，通过合约来概括所有当前制度环境所带来的约束。第四，大量使用非对称信息条件下的非合作博弈理论。第五，采用委托-代理研究框架。委托人是不知情方，代理人则是知情方。在一些情况下为了简化模型分析，常常把所有的讨价还价力量全部配置给其中的一方，把代理人的效用保持在既定水平。寻找最大化委托人效用的帕累托最优解。

强势一方提供一份“要么接受，要么拒绝”的合约，并要求得到接受或拒绝的回答。

（二）应用含义

一般而言，一个银行内部，无论分行与分行之间，分行内部的上级部门与下级部门之间，总行与分行之间，银行与客户之间，均存在广义的交易关系，它们之间的各种关系均可通过合约理论进行分析。当然，如前所述，在各种交易关系中，有的需要正式的成文合约进行规范和治理，有的则需要一般性的规章制度来进行考核与管理，在银行和客户之间，由于涉及双方的实际利益或利害关系，则双方必然缔结各方均可接受的交易合约，这样的合约必须是正式的文本，而要使这样的合约有效运行，在经济学上给出了如下“标准”：第一，它要满足参与约束，也就是说，这个合约是双方接受的；第二，必须满足激励相容约束，即缔约双方均能通过合作得到他们各自所需要的好处，而且这些好处足以保证他们自觉自愿地接受合约对交易双方行为的约束，因此，这些合约当然是具体的、可执行的，而且一旦发生偏离合约的行为也是可以实施惩罚的。订立合约的一个重要的目的是使交易各方披露各自的真实信息，显示借方的真实能力，所有合约条款都要以此为目的。

就银行来说，其信贷管理中的合约，是针对某项交易所施加的要求或约束。人们之所以要进行合约设计，原因在于合约即治理，通过匹配恰当的合约可以提高交易的效率。实践中的合约并不神秘，银行或其所属部门对客户的管理规程，及其内部机构和工作人员的交易行为所施加的约束，均可纳入合约的范畴。一般来说，一项交易至少对应一个合约，但也可能同时对应不同的合约，合约的多少取决于交易的复杂程度。就银行信贷管理而言，合约既包括银行与借款人之间签订合约的正文，也包括“资金管理办法”等附件，还包括旨在明确银行内部尽职要求的各类内部工作文件。

从分布范围角度看，合约既存在于不同金融机构之间，也存在于金融机构内部各部门之间，还涵盖着金融机构各部门与外部客户的关系管理。其中，金融机构之间的合约以及机构与客户之间的合约，限定了组织的边界。在如此的逻辑之下，任何金融机构对于其所面对的金融消费者来说，都构成金融制度的“组成部分”。

根据上述分析，交易是基本的分析单元，无论是研究总行与分行的关系，还是研究银行与客户之间抑或其他关系，运用“交易视角”进行分析更容易抓住管理的内核，从而使管理问题可以大部分地归结为交易治理问题。也正因此，我们才确信，交易合约订得怎样，会决定交易的效率水平。正是不同的合约选择，才带来了效率差异。

对一个组织来说，存在许多形式不一的约定，有不成文约定，这就涉及组织内部的文化、习俗和惯例，也有许多明确的、形式化和条文化了的各类正式约定，它们在协调各部门之间的关系上发挥了重要作用，所有这些成文和不成文约定构成了这个组织的管理架构，形成了这个组织的特有的治理体系，也充分地体现了这个组织的特有的文化性格或企业精神。所有这些成文或不成文的习俗、惯例和条款都具有合约的性质。正式的规章制度或正式的约定，将不断地影响或者形塑非正式的企业文化，不断地优化企业内部成员的行为取向，反过来，这些非正式的习俗、惯例和企业文化又会影响正式规章制度的执行效率。按照上面的思路，每个金融机构都构成金融消费者的“部分”约束。所有金融组织则构成金融消费者面临的“金融”约束，即这个国家的金融制度。①

三、完全合约理论及其应用含义

（一）完全合约理论概述

合约的“完全性”指的是合约内容的完全性。对完全合约来说，缔约双方都能完全预见合约期内所有可能的状态。针对每种状态，可以明确规定各方的责任。经济环境的任何变化只是激活了合约的临时条

---

① 对于制度一词的理解，在组织内部，同样有各种所谓的“制度”，由于在我们的语境中，将制度局限于社会整体制度，因此组织内部的制度可以称为“制度”单元。

款。当缔约方对合约条款产生争议时，第三方比如法院能够强制其执行。完全合约还可以进一步划分为对称信息完全合约与不对称信息完全合约。雇主在挑选雇员时，如果知道他的准确能力，同时也了解他在工作中的一言一行，就能制定出精确的薪酬水平。信息不对称的类型包括签约前信息不对称和签约后信息不对称。签约前信息主要包括特征（偏好等）、战略空间、支付函数等；签约后信息则主要包括努力程度等行为特征。在不对称信息完全合约情形下，虽然不知道另一方的准确信息，但知道"未来事件的可能集"，只需明确各种可能状态下各方的责任即可，不会有可能集之外的事情发生。在这个意义上，这种合约是"完全的"。比如，雇主挑选雇员，不知道他的准确能力，但却了解其能力分布。

当然，在现实当中，几乎所有合约都是不完全的，但这并不意味着无法利用合约理论或机制设计理论来指导实践。原因在于，尽管缔约双方在实践中很难预见到所有可能的状态，但只要一项工作所涉及的关键事项具有完全性，便可以将其视为完全合约。在这里，可以结合实践情况进一步引申出"准完全合约"的概念。也就是说，通过细化内容来最大程度压缩不完全的部分，仍然可以提高合约的可执行性及管理效率。

（二）应用含义

完全合约理论在金融领域具有重要的应用含义。以国家开发银行（以下简称"开行"）为例，在其中长期信贷管理中，有不少制度设计都体现了"准完全合约"特征。其中，最为突出的就是所谓的"全过程管理和精细化管理"。比如，以本息回收这项关键任务为例，其能否有效完成主要涉及两类关键事项：一个是涉及借款人，另一个是涉及开行的部门和员工。前者的重点在于，为了推动还款人在每个还款时点能履行还款义务，必须将管理视野拓展到上游，准确约定这个时点之前各阶段还款人应负的责任和义务。在这一过程中，最重要的就是还款计划的制订以及还款来源的明确约定，即为保证某个时点的还款成功，还款人必须明确制定保障这个时点还款的计划和来源，且得到开行认可。后者的重点则在于清晰界定员工责任，提高员工的执行能力和工作绩效。

类似的思路还体现在“本息回收难度系数表”的设计上。开行的中长期贷款主要是项目贷款，分为建设期和经营期两个时间段，建设期贷款归还可以采用扣收的方式，风险较低，但经营期的还款来源则取决于企业的经营状况，因此，贷款项目的不同阶段回收难度是有差别的。另外，经营期还款来源不仅有项目的自由现金流，还涉及财政补贴资金和公司自由现金流，结构复杂，每一类别回收难度判定的标准也不一样，需要分别制定标准。如此制定的本息回收难度系数量化表格，有助于精确预测项目未来的回收状况，并在此基础上采取相应方案。通过在本息回收管理文件中对上述事项做深入分析和明确约定，开行事实上最大程度压缩了信贷管理中的不可控因素。

“准完全合约”特征也体现在开行对所属部门和员工的考核激励方面。这方面的重要意义在于，和借款人签订的合约无论多么科学和细致，终归是需要人去推动和执行的。因此，开行所属部门及客户经理分别应承担什么样的责任和义务，也需要准确约定。以开行的本息回收管理和本息回收预测管理为例，本息回收管理包括：还款计划管理、还款来源管理、到账日管理、偿债能力追踪管理、提前还款管理、催收管理、银团贷款管理、表外受托业务管理。每项工作又都约定了执行细节，从而有利于建立考评体系，提高管理工作的执行力度。比如在到账日管理方面，就明确规定了在还款时点到来前的不同阶段，发送必要的提醒和通知，并且必须要取得还款人开具的有关还款计划和来源的保证函或回执。本息回收预测管理则明确约定了预测管理工作涉及的“管理对象、管理频度、管理重点、管理方法和应对预案”。

四、不完全合约理论及其应用含义

（一）交易成本经济学

交易是各类复杂现象中最为基础性的行为单元，从其入手研究组织和制度，有助于构建统一的分析框架，该思想最早由康芒斯（1934）提出。新古典生产函数将企业生产行为视为技术结构问题，只考虑了生产成本，而忽视了交易成本。按照阿罗的定义，交易成本是经济系统的运行成本。[①] 这种成本不同于生产成本，生产成本属于新古典经济学的分析范畴。交易成本在经济中的作用相当于物理学中的摩擦力。物理学利用无摩擦力的假定来确定各种复杂系统的属性。交易成本的内容具体包括：合约签订前的成本、签订后的成本。前者包括“草拟合约、就合约内容进行谈判以及确保合约得以履行所付出的成本”。签订后的成本包括：第一，不适应成本，即当交易行为逐渐偏离了合作方向，造成交易双方互不适应的那种成本。第二，讨价还价成本，即如果交易双方想纠正事后不合作的现象，需要讨价还价所造成的成本。第三，启动及运转成本，即为了解决合约纠纷而建立治理结构并保持其运转，所需要付出的成本。第四，保证成本，即为了确保各种承诺得以兑现所付出的成本。交易成本在来源上与参与人的如下特征有关：第一，投机动机。这是人类某方面的天性，会在事后引发机会主义行为，必须对这种可能的后果进行治理和约束。第二，有限理性。如果承认理性有限，就无法签订面面俱到的合约来约束投机行为，这也意味着合约往往都是不完全的。

在威廉姆森看来，一项交易能否达成除了受到以上参与人特征的影响以外，还和交易属性有关。具体包括资产专用性、不确定性及发生频率。资产专用性是指在不牺牲生产价值的情况下，资产可用于其他用途或由其他人利用的程度。在没有资产专用性的情况下，所有进行的交易都是所谓的标准交易。在有限理性情况下，资产专用性的存在可能会带来“套牢”问题。交易的不确定性会影响参与者的成本和收益，而治理结构则是影响参与者权责分配的工具。因此，由不确定性引发的治理结构选择，就具有了提高社会福利的潜在作用。交易频率越高，建立专

① Kenneth J. Arrow. The Organisation of Economic Activity: Issues Pertinent to the Choice of Market Versus Non-Market Allocation [M] // Robert H. Haveman, Julius Margolis. Public Expenditure and Policy Analysis. Chicago: Rand MacNally College Publishing Company, 1970: 67-81.

用治理结构的成本分摊到每次交易中的成本就会越低。在威廉姆森看来，以上三类属性中，资产专用性是最重要的标志，也是使交易成本经济学与解释经济组织的其他理论相区别的最重要的特点。威廉姆森（2002）主要通过资产专用性来解释交易成本。有些资产是相互依赖的，如果双方的关系存在，这些资产就可以创造价值。如果双方的关系破裂，它们所创造的价值就会大大降低甚至完全不能创造价值。这在存在道德风险时极容易出现。市场机制下的单一价格调节，无法实现最优投资规模。此时，应实行关系型合约，对市场交易增加额外的保护措施。

威廉姆森（2002）把每一种经济制度都还原为一种特殊的合约，在合约签订之前是交易，合约签订之后是治理。研究合约，目的是提高治理的效率和制度的效率，并由制度的效率而至整个经济的效率。基于以上分析，交易成本经济学得出两个论点：第一，用简单的治理结构去解决复杂的交易问题会把事情搞乱；而用复杂的治理结构去解决简单的交易问题则成本太高。第二，交易的属性不同，治理机制也应不同。因此，不同的交易就需要不同的治理结构与之相匹配。总的来看，威廉姆森（2002）用“资产专用性”来解释交易成本的起源，再由交易成本而研究各类合约，从各类合约中发现相应的治理结构，由此考察各种经济制度，再从效率上对这些制度进行比较。总之，经济组织的核心问题在于节省交易成本，经济组织的问题其实就是一个为了达到某种特定目标而如何签订合约的问题。

按照交易成本经济学的分析，签约方式主要包括三个类别：一是古典式签约方法。古典式签约方法鼓励人们把合约“拆细”并强调其“当前状况”，借以促成交换。这对应市场的治理方式。二是新古典签约方法。古典式合约存在如下缺陷：第一，合约的不完全性；第二，事后机会主义行为。为解决上述问题，除了“放弃全部交易”和“改为组织内部进行”以外，还可以另行设计一种签约方法，使交易还可以进行下去，只不过再增加一层治理结构，也就是新古典式的合约关系。三是关联式签约方法。由于合约变得“持久和复杂”，又迫使人们用更加彻底的专门交易以及随时进行调整的过程，来代替那种新古典式的调整机制。

（二）所有权—控制权模型（GHM 模型）

不完全合约的成因主要有三种：第一，合约主体无法预见所有或然事件。第二，即使能够预见所有或然事件，但将其详尽写入契约的成本过高。第三，契约执行成本过高。即使能够将所有或然事件写入契约，但为了强制执行，法院必须完全理解契约条款并证实或然事件是否发生，而这会产生过高的契约执行成本。换句话说，双方不仅必须能够相互交流，而且还要能够与对签约信息可能一无所知的局外人进行交流。作为这三种签约成本的结果，双方缔结的合约是不完全的，也就是说，合约中包含缺口和遗漏条款。合约中的“如有其他事项，双方友好协商”就是合约不完全性的反映。

不完全合约理论经历了一个逐步完善的过程。按照科斯的理论逻辑，劳动供求双方有两种签约方式，一是市场合约，二是雇佣合约。两者的区别是，前者能详细列明任务事项，后者只能规定劳动时间，对内容不能详细约定，是不完全的合约。在这种情况下，由于需求方并不能事先确定所有可能事项，或分项计酬的成本过高，市场合约会带来很高的交易成本。为降低交易成本，只能以权威替代市场，以企业合约替代市场合约。科斯理论中的企业家权威，后来逐渐发展为剩余索取权和剩余控制权等概念。

威廉姆森（2002）强调了作为签约后适应性调节的治理过程，但没有指出这个过程是否需要主导者以及“谁”将主导这个过程。哈特对此的回答是，应该把主导权或“剩余控制权”交给那些“重要”的当事人。“重要”的当事人是指掌握对整个资产组合来说重要资产的所有权的当事人。具体来说，针对既定的交易双方，他们的所有权分布状态可以有以下三种情况：第一，如果一方有重要的投资决策，那么他就更可能拥有资产。第二，高度互补的资产应该被置于共同所有权之下，并由其中相对重要的一方所拥有。第三，独立资产应该被单独所有，以独立企业的形式存在而不实施一体化。

从激励方面来说，如果说在完全合约中主要强调了货币收入的激励作用，那么，在不完全合约中则主要强调了控制权和所有权保护的激励效应。换言之，在不完全合约的分析中，主要关注的是货币报酬以外的其他制度因素的激励作用。从这个意义上说，不完全合约提供了研究经济制度和经济组织的工具。

（三）参照点合约理论

原有的合约理论，主要强调了合约在明确交易参与方的权利义务，这些权利义务会获得法律强制性的保障。但哈特认为，除此之外，合约还有另外一个重要功能，就是提供参照点。参照点的提出背景有两个：第一，因为事后的交易结果具有不确定性，因而事后执行结果常常会与事前预测发生偏差，要想在事前精确地遍历及预测所有的可能性结果是不可能的。第二，无论结果怎样，合约的参与者都会有一个“自己该获取多少份额收益”的预期，这个预期，就是各个参与方自己认为的“公平标准”。个体进行决策时，其依据的不是各种决策方案可能结果的绝对效用值，而是以某个心理中既存的基点即参照点为基准，把决策结果理解为实际损益量与心理参照点的偏离方向和程度。[①] 比如，面对同一块蛋糕，不同参与方心中的“公平标准”往往存在着冲突，就是说，如果满足了A的标准，B的就不会被满足等。如果事后没有拿到与这个公平标准对应的收入，参与方就会不高兴，就会有一些不配合的行为。同时，这些不配合行为因为信息不对称无法被有效监督，这就会带来效率降低。第三，虽然无法完全明晰事后结果，但在事前就双方的权利义务、收益分配的讨论并非没有意义。如果在事前有所约定，就意味着双方将最终分配格局的取值范围，从 [0,1] 压缩到合约规定的 [a,b]（$0<a,b<1$）之间，虽然在这个范围内还会继续存在冲突，但由于范围比之前减小了，因而由上述冲突造成的福利损失会出现下降。

总的来看，参照点合约理论拓展了对合约功能的认识，其应用价值的理论依据在于，通过在事前规定参照点，可以减少参与人因现实与期

---

① Kahneman和Tversky（1979）在“展望理论”（Prospect theory）中首次提出了“参照点”的概念，认为参照点潜在地决定了各种决策的收益或损失预期，进而影响其决策过程。

望的差异而带来的损失。换句话说，强制实施意义上的合约，确保了敷衍性业绩（Perfunctory Performance）水平，这样的效果可观察可验证。但与完美业绩（Consummate Performance）相对应的行为却不可观察也不可验证，属于“良心活儿”，要想实现得需要让参与人“气顺儿”才行。如果在事前的合约签订中，双方能就更为细致的合约条款达成共识，事后不确定性及其不利影响均会减少。

保险公司与投保人签订保险合约时，会在合约里具体说明符合某些具体条件时发生意外的赔付率、如何赔付等信息，一般这些具体条件都是出现概率较高的情况。而在合约的最后，一般会备注“最终解释权归本公司所有”。这很可能是考虑到一般情况下的事件可以按照合约条款执行，双方不会产生争执（不会产生无谓损失），而只有在特殊情况下，保险公司才会使用其“解释权”来强制执行某事件。很多企业的薪资部门要求员工之间的薪资待遇要彼此保密，不能相互讨论，也很可能是担心薪资低的员工将薪资高的员工作为参照点，从而感觉自己的利益受到侵害，并导致其降低自身的工作努力程度。

作业与练习

1. 概念与专业术语：交易、制度、正式制度、非正式制度、内在制度、外在制度、制度选择、制度变迁、辅助交易、核心交易、合约、即时合约、非即时合约、静态合约、动态合约、双边关系合约、多边关系合约、显性合约、隐性合约、完全合约、不完全合约、资产专用性、交易成本。

2. 制度的基本功能主要包括哪些方面？

3. 简述格雷夫综合性制度观的主要内容。

4. 简述制度变迁的基本动力及其作用机制。

5. 经济学视角下合约的含义是什么？

6. 准完全合约思想的应用思路是什么？

7. 交易成本具体包括哪些内容？

8. 不完全合约的成因主要有哪些？

第二讲　金融的合约范式

学习目标：本部分是全书的核心章节。首先需要掌握“金融合约范式”的主要含义。其次，以此为基础，将该范式拓展至对金融学的理解层面，实现从“信用的金融学”到“信用合约的金融学”的转换，以及从“组织的金融合约”到“工具的金融合约”的拓展。最后，结合对“现代金融学”的评析进一步形成和建立综合性的金融观。

重点和难点：金融的合约意涵、信用合约的金融学、组织的金融合约、工具的金融合约、新古典金融学。

一、金融的合约意涵

有关金融范畴的界定对于金融学理论轮廓的梳理与构建具有重大影响。在中文语境下影响较为广泛的定义主要有两个，一是黄达教授的观点：凡是既涉及货币，又涉及信用，以及货币与信用结合为一体的形式生成、运作的所有交易行为的集合。二是陈志武教授的定义：金融的核心是跨时间、跨空间的价值交换，所有涉及价值或者收入在不同时间、不同空间之间进行配置的交易都是金融交易①。黄达教授定义中的关键词是“信用”，陈志武教授则强调了跨越时空的价值交换或配置。两个定义的共性在于，一是均强调了金融作为货币及价值运动的现象特征，二是两个定义通过信用与跨时空配置特征隐约表达了金融的“能动”

① 兹维·博迪（2005）的观点与陈志武接近，其定义是：金融学是研究人们在不确定的环境中如何进行资源的时间配置的学科。金融决策的成本和效益是在时间上分布的，而且决策者和任何其他人无法预先明确知道的。

作用。但在本书看来，一方面，现象特征与本质之间存在显著区别。另一方面，金融本质的定义应该是多维度的，比如，在数学的视角下金融是信息和时间的导数[①]，而信息科学和人工智能学科则将金融视为数据和数据处理[②]。从更广泛的意义上说，有关本质的判断标准要依存于其所依托的研究方法，因而以上界说都有其合理之处。陈志武教授的定义主要侧重于投资学的视角，黄达教授的定义则主要基于强调社会福利含义的经济学视角。循着这一思路不难发现，一般而言，金融对实体经济的支持作用是通过信用的构造来实现的。在这当中，信用是让处于劣势的一方放心的合约，其重要性表现为离开信用的支持有些交易就会无法进行。[③] 因而，信用问题在研究方法层面应该属于合约理论的分析范畴。由此观之，前面两个定义中提及的信用及跨时空行为，实际上对应了有关信用合约的设计和执行过程，正是因为有了这些合约才使得原本无法进行的交换得以实现，并带来了社会福利增加，这就是金融范畴社会福利含义的微观基础。当然，金融行业中还有些业务或现象，或许社会福利含义并不十分明确和显著，但它们同样以货币为经营对象，从事与资金配置有关的工作，因而在行业划分上也属于金融的范畴，二级证券市场上的秒级甚至微秒级的量化投资，有可能就是这方面的例子。本书认为，对金融的定义，需要在学科与行业两个层面进行折中。金融既包括那些通过节约交易成本带来社会福利增加的信用合约，比如货币、金融产品、金融业务甚至金融模式，也包括能节约生产成本的包括数学、信息科学等在内的科技进步在金融中的应用，以及那些较少具有实体经济含义的货币与价值运动。根据本书分析的侧重点，我们将金融界定为能够实现资金交易并带来社会福利增加的信用合约。[④] 其实，金融的合约意涵也是实践性的，不少金融界人士也曾在这样或那样场合的文

① 万存知．金融是有关时间和信息的“导数”［J］．金融博览，2016（17）．

② 徐利．专访百度金融朱光：“门外汉”想凭什么挑战微信支付宝？［OL］．新浪科技，2017-02-20．http://tech.sina.com.cn/i/2017-02-20/doc-ifyarrcc8078016.shtml．

③ 信用有两类含义，一是信用水平即对信用水平高低的评定，二是用来支撑信用水平的机制和结构。此处选择的是第二种含义。

④ 引自王剑锋（2016）。

字里透露出了这方面的体察。比如，吴晓灵（2017）曾提到，移动互联、人工智能不会改变金融业作为价值转移的契约这一本质[①]，陈志武（2017）则指出，在人类发展史上，不同社会、不同民族尝试发明了各种各样的金融产品，或者说涉及跨期价值交换的金融契约。[②]

有关合约理论在金融领域的应用意义，需要结合合约理论的前提假设进行理解。对各类交易而言，如果信息透明，交易双方不存在私人信息，则此时不需要合约，只需要提供一个约束各个参与方的工作标准、工艺标准或质量标准就可以了。此时所有的合约，都将简化为具有同质性的工作规则和技术标准，它对全体参与人均适用，因此具有同质性。比如在贷前环节，如果银行完全知道客户的风险类型，则不需要评级、担保等工作程序，就能判断是否应予以发放贷款。由于不存在信息问题，所有的借贷活动就不存在不确定性，也就没有违约的风险或可能性，此时银行具有完全的信用甄别能力，则一切缔约过程均不需要了。同时对那些可以发放贷款的客户，也能制定出准确的“贷款”价格。类似地，如果在贷后环节信息完全对称，客户的一言一行都尽在掌握，稍有风吹草动，银行均能第一时间知晓，那么，监控现金流、本息到账日管理，也都不再有存在的必要。

然而，现实中与完全市场假设相背离的现象比比皆是，交易机制以及合约设计问题已经成为不容忽视的议题。从这方面看，不同金融机构之间的绩效差异，主要就体现在对各类合约设计水平的高低上。正是这方面的差异，才导致面对相同的市场环境，有些金融机构能够在贷前以更低的成本识别借款人类型，或以更便捷的方式控制贷后风险。而通过这些交易结构或合约设计所节约下来的成本，对应的就是利润增加额。同样，所谓金融创新，也表现为能否设计出效率更高、执行成本更低的合约来。如果能设计出这样的合约，金融机构就能较之以前获取更高的收益。以银行为例，在针对客户的信贷管理中，如何设计或制定从贷前

① 吴晓灵在2017清华五道口毕业庆典上的讲话，清华金融评论（微信版），2017年7月3日。

② 陈志武．金融的本质是价值的跨时空交换［N］．经济观察报，2017-06-12，http://news.ifeng.com/a/20170612/51234012_0.shtml.

到贷后的各项管理制度和各类治理标准，就变得非常重要，它既要体现贷方利益，也要体现客户利益，更要确保资产（金）安全，降低甚至化解各种潜在的或实际的风险。这既涉及银行的内部管理，也涉及银行与客户的合约关系和合约治理。以国家开发银行（以下简称“开行”）的信贷管理为例，其贷后管理中的首日到账率考核就是一个强化信贷治理、降低信贷管理成本的例子。由于在开行和客户所缔结的交易合约中，加进了首日到账率这样一个条款，不仅明确了客户的还款付息的责任，而且清晰地确定了开行和客户双方的治理目标，从而使开行和客户的管理与治理行为“集中”到一个信号明确、选择清晰的“激励和惩罚区间”，结果使开行的贷后监管成本大大降低，成为开行信贷管理绩效的重要来源之一。尽管随着信贷环境的变化，近年来该指标的重要性显著下降，但其中所蕴含的机理并没有改变。

二、从信用的金融学到信用合约的金融学

在有关金融学学科体系的理解方面，必须注意到这样一个事实，即研究方法的演进是金融学体系发展的主要脉络。就如同细胞和分子相继被发现，导致生物学研究逐步进入到细胞和分子水平的发展历程一样，金融学的演进同样应遵循类似的规律。金融学不仅仅应该按照所辖部门被划分为政策性银行学、资本市场学等，还应该尽量发现并选择那些更小的“粒度”作为基本分析单元。从微观构成看，任何资金融通都是借贷双方的交易，因而作为交易治理机制的合约在金融学中扮演着“细胞”或“分子”的角色。在合约层面研究金融，就如同在细胞或分子层面研究生物现象一样。这样一来，在经济学的视角下，可以将信用的金融学深化为信用合约的金融学。根据以上分析，本书对金融理论及其应用的相关问题明确如下：首先，应该运用制度与合约理论从交易属性的角度对资金融通交易进行识别和确认。其次，对已经被识别出的金融交易，应通过匹配与之相适应的能够实现效率最大化的合约进行治理。最后，为了做好合约管理并实现合约管理的自动化与低成本，一是

应该尽量采用量化方法最大程度从已有信息中挖掘出其中蕴含的相关规律并将其转化为精确化自动化的管理策略，从而将无法度量的真正的不确定性减少到最小程度；二是要努力实现各管理流程和环节间无缝衔接的完全合约式管理，并通过 IT 技术予以实现。由此，结合不同的金融领域，可以构建下面这样的知识模块："财务及数理方法+制度与合约方法+银行""财务及数理方法+制度与合约方法+债券"……。①

三、从组织的金融合约到工具的金融合约

与企业契约与市场契约的划分相对应，金融合约主要有两个类型：一是组织的金融合约，主要探讨包括公司在内的组织"内部"有关组织融资结构的金融合约议题，其学术缘起是以 MM 定理为代表的资本结构理论，同时也是企业合约理论的重要组成部分，详细内容可参见哈特(2001)。二是工具的金融合约，即那些在市场主体间实现资金融通的金融工具的合约内涵，涉及股票的合约经济学、贷款的合约经济学以及债券的合约经济学等。研究重点是金融工具合约如何被融资双方认可从而作为合作策略均衡而存在，是市场合约的具体实现形式。融资结构合约理论往往基于单一企业的场景，以内部股东的利益最大化为中心，较少考虑各类融资途径的资金提供方的参与约束问题。金融工具合约则以金融市场存在多类型融资主体进而投资者不得不考虑融资者违约风险为前提，更关注投资者参与约束的满足条件，重点分析金融市场上资金供求双方的融资博弈问题。旨在促成金融工具合约的具体解决措施，包括各类信息披露、违约惩戒等在内的增信方案等。当然，还可以进一步考虑投资者之间的异质性或竞争性问题，这些特征的存在也会影响到金融工具的具体形态②。总的来看，哈特等人提出的金融合约理论是狭义的

① 合同理论主要是针对交易效率的分析，除此之外，还有其他一些研究方法，比如基于垄断视角对价格歧视、进入障碍等问题的分析。对于这些研究方法的应用，同样可以采取类似的思路。

② 很显然，在投资者之间是否存在竞争的两种情况下，贷款或债券的具体条款一定是有差异的。

金融合约理论，即仅包括融资结构的金融合约，但实际上，金融合约可以同时涵盖融资结构与金融工具两个领域，只不过，在合约理论充分发展与渗透到金融诸领域之前，在包括银行贷款在内的金融工具领域，并未引入合约的概念，从而使得融资结构与金融工具看似分属不同的研究范畴。而通过引入更为微观和基础性的合约范畴，可以对融资结构与金融工具两大领域进行统合，并将其统称为金融合约理论。

四、对“现代金融学体系”的简要评析

自二十世纪八十年代以来，随着国际交往和教育交流的增加，中国金融学对以美国为代表的“现代金融学”的借鉴力度不断加大，这有力地促进了中国金融学体系的发展。但与此同时，因种种原因，在课程设置和知识模块选择中仍然存在一些可以提升的空间。

首先，“现代金融学”体系过于侧重新古典金融学，忽略了信息不对称和交易成本问题，不利于学生形成完整的专业能力。① 根据有关资料的介绍，国际上通行的金融方向的博士生课程是在高级微观经济学和计量经济学的基础上，以金融经济学为第一门基础课，它主要介绍金融的新古典经济学理论基础。然后作为进一步的延伸和应用，分为资本市场和公司金融两个方面，各有理论和实证两门课，即资本市场理论和实证金融、公司金融理论和实证公司金融。② 在这当中，作为基础课的“金融经济学”主要包括资源配置的优化、风险测度、投资、资产定价与风险管理等议题，不仅为金融实践提供了重要的管理工具，还有助于推进金融学研究的规范化与微观化。应该说，基于中国金融学发展的现状，这方面的工作只能加强不能削弱。然而必须指出的是，目前的体系对信息不对称和交易成本问题的重视不够，不仅“金融黑箱”内部结构被忽略掉了，而且黑箱之间的博弈问题也被遗漏掉了。若将新古典金融学与聚焦信息不对称和交易成本问题的制度金融学视为一枚硬币的两

① 本书所称“新古典金融学”特指未考虑信息与交易成本的发展阶段及其相应教材。
② 见王江（2006）。

面，那么，在教学体系中只注重引入新古典金融学无疑是有明显缺陷的。虽然相关作者对此亦有明确的认识，但在其推荐的金融学课程体系里，并未提供有针对性的解决方案。如果说在美国经济金融教育项目中，由于其微观模块包含有合约内容因而不用再做特别安排的话，那么在微观模块并不将合约理论作为必修内容的中国语境下，上述“遗漏”则极可能会带来明显的不利影响——学生无法建立能够同时涵盖“黑箱”内外两个“世界”的完整金融观。从现实情况看，在金融制度与金融合约的专业能力培养方面，学生无法通过正规教学体系获得支持，只能借由工作后的实践体悟以“干中学”的方式进行一定的弥补，但这显然不能算是一种令人满意的人才培养模式。

其次，为减少歧义，对新古典金融学的教学内容应予以更为准确的学术定位。“新古典金融学”将金融界定为定价、资产组合等问题，基于本书对金融范畴的界定标准，这属于财务金融的数学定义。因此，在一定程度上，新古典金融学的主要内容是“基于价格理论（新古典经济学）的金融定价与量化问题分析”。这里所说的价格理论，是有关“未来权益”价格的理论。通过定价方法获得某个金融产品均衡价格的意义则在于，一是通过发现均衡价格和当前实际价格的异同，可带来获利机会，二是与套利相关的金融产品供求行为有利于均衡价格的实现，并将市场资源引导到价值被低估的领域中去。在金融市场上，未来权益价格一如商品市场上的价格那样发挥作用。只不过，与商品市场价格理论服务于消费者效用最大化不同，金融市场尤其是衍生金融市场以投资者利润最大化为中心，强调以金融为盈利工具。因此，按照前面部分对金融范畴的综合定义，相关教材更准确的题目或许应该是“金融的新古典数理经济学”。

最后，应准确理解部门金融学课程作为多种研究方法之实践综合的教学定位。金融学体系不仅包括体现研究方法的基础课程，还包括一些围绕实践需求在部门层面实现各类方法集成运用的课程。比如，“资本市场”与“公司金融”两门课程分别围绕“金融市场”和“公司投融资”两大实践领域，实现经济分析、定价和财务方法在两类部门的综合运用。

按照这个逻辑，个人金融、非营利组织金融学等亦属于部门金融学。

作者认为，金融的合约范式与新古典范式共同构成金融学的主要研究方法。在这当中，新古典范式强调数理方法的运用，具有精确度高、可计算性和可操作性强的特点，有利于实现管理的自动化、降低管理成本并具有技术进步的特征。制度与合约方法重视对经济关系的考察，并由此构建出“从交易属性（市场细分）到适宜的治理机制选择”的金融发展战略的主体框架。同时，与制度变迁理论相结合，可以对金融创新以及金融机构长期发展战略进行研究。总的来看，数量方法与制度合约方法应该配合使用，在不同的方面或环节发挥各自的作用。

基于以上分析，同时以金融组织和金融工具黑箱为边界，可以考虑如下的金融学教学体系规划：第一，制度金融学，至少应包括金融组织合约与金融工具合约两个部分。前者用于打开金融组织的“黑箱”，后者则用于揭示实现“黑箱”之间资金融通的金融工具的内在机制。金融学的合约方法有助于夯实金融产品定价的微观基础，厘清其属性。只有金融合约具有更高的效率，以其为微观基础的金融产品定价才会具有更高的性价比。第二，基于价格理论的新古典金融学，主要讨论未来权益或收益要求权的定价与数理分析问题。① 第三，财务金融方法在信息数码化方面对金融的支持。第四，上述三种方法在各个金融部门的综合应用，比如资本市场、公司金融、家庭和银行等。

以上考虑仅仅是出于弥补合约知识模块的设想，但现实中的改革还要服从于各种约束。由于教材设计与学科发展方面的历史依赖性，要想做过大的调整并不切合实际。更为可行的办法是在现有基础上逐步调整，比如，可以考虑以新开课或改造原有课程的方式增加“制度金融学”（也可命名为“金融的微观经济学”）知识模块，在理论上涵盖金融制度理论、金融组织合约理论与金融工具合约理论，在应用方面可选择与创新理论相结合应用于金融创新的实践案例分析。②

① 比如期权等各类衍生品的定价，衍生品与投资组合的设计同样可被看作金融合约的设计。

② “制度金融学”课程虽有少数学校已在开设，但总的来说还有待拓展。

作业与练习

1. 概念与专业术语：金融的合约含义、金融的数学含义、金融的投资学含义、金融的信息与人工智能的含义。

2. 简述黄达与陈志武有关金融范畴的观点，二者有何异同？

3. 简述信用的金融学与信用合约金融学之间的异同？

4. 金融合约有哪两种主要的类型？两种类型的差异是什么？

5. 金融量化方法有哪些重要意义？又存在什么样的局限性？

6. 金融的制度与合约方法有哪些优势和不足？

7. 金融的制度与合约方法同数量方法具有何种关系？

第三讲　应用制度金融学概览

学习目标：了解制度金融学发展的学术简史以及金融微观分析框架的演进过程，理解基于交易属性的金融微观建模思路，掌握制度金融学的定义、静态与动态两个研究视角。明确制度金融学如下的主要功能领域：金融评价、金融创新与金融战略。

重点和难点：金融的微观经济学分析框架、制度金融学、制度金融的静态视角与动态视角、制度金融学的应用价值。

一、学术简史

经济金融学的发展，对应着“人们对经济金融现象的理解不断深化”的过程。作为制度金融学研究方法重要来源的制度经济学与合约理论，也是如此。在经济社会中，不同主体间的初始禀赋状况及其边际收益往往存在较大差别。潜在的互惠机会，催生了交易动机，并使得对经济资源的余缺调剂，成为社会福利提高的重要来源。但从学术发展史角度看，由于对市场完善程度的看法不同，因而在有关交易机制研究重要性的判断上，也经历了一个逐步深化的过程。有关分析主要包括如下阶段。

第一，完备市场假说。早期的古典经济学认为市场是完备的，市场运行是平滑的，价格机制能够没有任何成本地发挥资源配置的作用。亚当·斯密把这种通过价格信号引导经济人进行合理选择的运行机制概括为“看不见的手原理”。在后来的发展中，新古典经济学进一步认为，交易各方在价格信号的引导下能够有效地实现资源的最优配置，不仅实现局部的供求均衡，还能实现市场的一般均衡。基于完全市场的假设，通过“价格信号”传递信息、发生作用，使得交易机制被高度简化。

第二，阿罗、德布鲁的进一步完善。主要表现在形式化方面的改进，提出自然状态引入不确定性。比如，同样是雨伞，但在雨天和晴天两种不同状态下却是完全不同的商品。尽管如此，上述改进只是对商品做了进一步细化，从而增添了商品数量以及模型的复杂性，但并未改变完全市场的基本假设，一般均衡依然存在。

当一般均衡理论的“兴奋”过后，人们又逐渐注意到其中的一些不足。奥地利学派的创始者如米塞斯和哈耶克注意到，交易者的行为不仅与价格机制有关，而且受他们掌握的信息和拥有的知识的影响。人的信息是不完备的，知识是不完全的，因而在他们的交易中总存在着各种各样的不确定性。人们在经济活动中，不仅会关注他们的预期收入，而且要考察他们可能面临的风险。奥地利学派的这些思想，直接影响了新古典的分析框架和基本假设。获得进一步发展的新古典经济学，在分析逻辑上也出现了深刻变化。一方面，它发现市场并不完美，经济人或交易人并不拥有交易所需要的一切信息，当两个交易者进行交易或缔结交易合约时，交易双方都拥有自己的私人信息。为了在交易上占据有利地位，或者为了提高自己的讨价还价能力，拥有私人信息的任何一方都有动机隐瞒自己的真实信息，或者只向对方披露部分真实信息，更有甚者，向交易对象发布虚假信息，以最大化自己的利益。这样一来，“看不见的手原理”就不会像新古典经济学所预期的那样，能够充分地实现资源配置效率，相反，市场总是不完全的，市场的运行总是不平滑的，市场运行正如工厂的机器运行，总是要耗费“能量”或者“成本”的。正是这些情况使新古典经济学的基本假设发生了改变，从完全信息假设过渡到了不完全信息假设。也正因为这些原因，使新古典经济学的发展遇到了挑战，这时候，一种新的分析框架应运而生，这就是新制度经济学的崛起和合约理论的出现。在一大批学者的努力下，这一领域的理论与实践研究取得了长足的进步，2014 年诺贝尔经济学奖得主让·梯若尔就是其中的杰出代表。[①]

① 邓宏图教授对本段亦有贡献。

在基本的假设和分析逻辑上，新制度经济学和合约理论与新古典经济学并无实质性区别，但由于新制度经济学关注制度和组织，而合约理论关注经济人的缔约过程和缔约后合约的执行情况，因此，与新古典经济学相比，新制度经济学和合约理论的研究范围扩展了，为经济学和管理学的发展提供了诸多洞见。新制度经济学和合约理论会更加实际地处理交易或缔约过程，它们把供求行为理解为交易过程，并把交易过程一分为三，即分解为交易前、交易中以及交易后三个阶段，不仅真实地解构了交易过程，而且清晰地把不确定性、风险、人的寻利动机与这三个过程结合起来进行分析，从而发现了导致交易效率损失、供求失衡的真实原因，也为人们解决这些问题提供了诸多的治理手段。

新制度经济学和合约理论认为，在交易前，由于交易的一方或者双方有隐藏信息的机会主义动机，因而在交易前易发生逆向选择问题，即投资方找不到质量好的项目，银行找不到信用可靠的客户，保险公司寻找不到理想的投保人，这意味着供求双方或缔约双方不能实现良好的匹配，结果造成资源的扭曲配置。这就是事前或交易前的逆向选择问题。在缔约后，尽管合约条款足以约束交易双方按约定的方式采取行动，但由于某一方或者双方的行为是隐蔽的，即难以观察且难以证实，因此合约执行将遇到问题，这就导致了事后或交易后的道德风险问题，并由此带来效率损失。基于这些问题，新制度经济学和合约理论发展出了诸多的激励理论，从而使新制度经济学和合约理论具有了坚实的经验基础并由此得出了许多行之有效的政策主张。

二、金融微观经济学分析框架的演进

在图 3-1 中，金融微观经济学分析框架的演进主要包括三个阶段：阶段 1 是缺乏博弈论与信息经济学支撑下的微观分析框架。在阶段 1，参与方相互之间具有完全信息，在此条件下实现特定交易的均衡，对应的是完全信息下的交易问题研究。阶段 2 是合约理论支撑下的微观分析框架，参与方之间存在信息不对称，对应不对称信息下的交易问题研究。信息不对称会诱发“逆向选择”和“道德风险”问题，并由此带来效率损失。为了缓解效率损失，参与者会创造出各种治理机制予以改进，这种治理机制可以称为合约，包括信号发送型合约、信息甄别型合约，还有种种的双边甚至多边合约。同时，信号发送型只是笼统的分类，因应各种具体场景，合约的签约环境也存在很大差别，参与方的特征也会不同，由此带来“最优合约设计”的差异。通过以上的合约设计，可以缓解由于信息问题带来的效率损失。阶段 3 则是合约理论与制度变迁理论共同支撑下的动态分析框架。由于制度变迁考虑的是政治、社会、经济、文化的互动，因而将金融合约构造或金融创新置于制度变迁的视野之下，有利于建立动态金融创新的工作思路，从而提高金融战略制定的前瞻性。

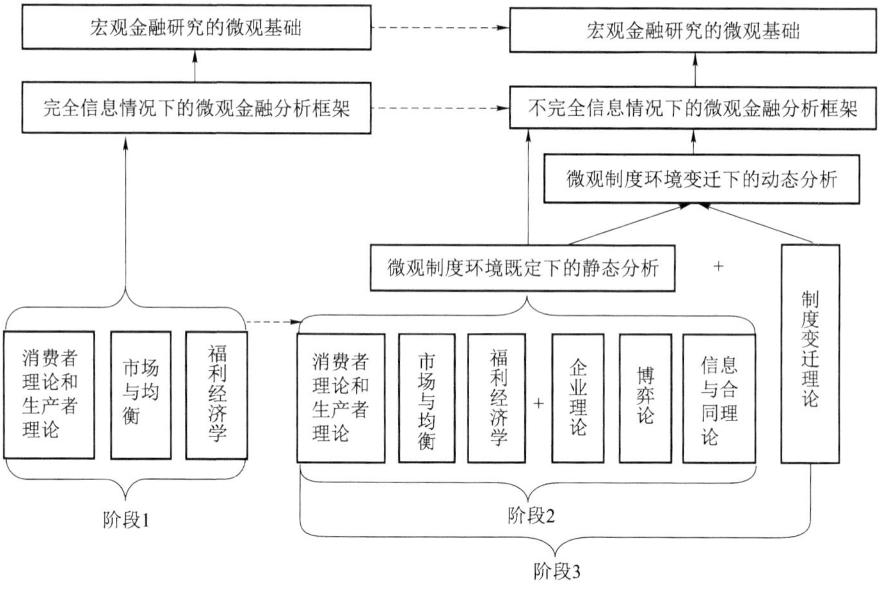

图 3-1　金融微观经济学研究方法与分析框架的演进

三、基于交易属性的金融微观建模思路

金融合约问题的研究，服务于如何管理某类交易的问题。对某类交

易实施有效管理，就要选择与这个交易相匹配的治理机制。交易属性不同，与之匹配的治理机制应该也不一样。在这个前提下，廓清作为研究对象的交易属性就显得特别重要。

交易性质主要包括这样几个方面：第一，交易标的假设，即参与人实施的是什么样的交易，资产专用性如何，交易频率高低，等等；第二，包括偏好与策略集合在内的参与人特征假设；第三，交易环境假设。以上三项内容对缔约过程都具有重要影响。原因在于，针对交易实施管理的“合约结构”决定于这三个方面。交易标的、参与人及交易环境三者当中的任何不同，都会带来“合约结构与内容”的差异。

针对静态与动态中的多样化交易可能集合，要选择好自己要服务的对象，确定特殊的需求交易，而后匹配适宜的治理结构。治理可划分为两层，一是组织如何去服务于特殊需求，二是组织如何通过制度设计和内部管理实现前述服务功能。根据以上分析，面对既定的交易类型，企业要取得成功，就必须结合经济社会可以运用的技术和管理手段，选择最合适的治理方式。这种合适的治理，既可能是股权融资，又可能是债权融资；既包括集权式，也包括分散决策式；既包括所有业务内部化，也可以是不同环节的外包。这些成功的治理虽然形式各异却都具有一个共同点，就是针对某个业务领域（交易类型）选择了与之较为匹配的管理模式。

四、制度金融学的定义与研究视角

伴随制度与合约方法在金融领域重要性的提高，国内外一些学者相继提出了制度金融学的范畴，并就其与新古典金融学的关系及其在货币经济学中的应用做了精彩的评述。本书拟在以下方面做进一步的扩充：第一，除了借鉴以诺斯为代表的“传统”制度经济学以外，进一步吸收格雷夫和阿西莫格鲁等人针对制度经济学微观化所推出的新方法和新成果。第二，为了进一步强化制度金融学的微观管理内涵，本书所议的制度金融学加强了对合约理论的借鉴与吸收，并据此提出了金融的合约范式。第三，与金融领域的风险管理和金融创新议题相适应，本书融入了熊彼特（1990）的创新理论与奈特（2005）的风险理论。总的来说，本书试图强调制度与合约方法的管理内涵，即观察现实中的组织是如何利用制度与合约方法，通过制度和流程安排，实现交易成本的节约以及信贷风险的控制。从以上分析看，本书的制度金融范式已经与原有范式出现了较大差异，但考虑到制度与合约的内在关联，以及称谓上的习惯，本书继续沿用“制度金融学”的名称。

综合以上分析，本书给出制度金融学的如下定义：将制度与合约方法应用于金融领域，用以解释金融现象并为实现金融创新和改进金融效率提供支撑的理论体系。制度金融学以金融产品（工具或业务）、金融组织与金融制度为主要研究对象，研究方法主要来自于博弈论、合约理论、制度变迁理论以及创新和风险理论。以此为基础，本书确定了制度金融学的两个研究视角：从静态角度看，以金融领域中的交易为基本分析单元，针对潜在交易机会所蕴含的社会福利，研究交易主体是如何克服签约前与签约后等环节存在的一系列困难，通过合约来实现效率改进的；从动态角度看，金融合约与金融制度是如何在内外因素作用下不断调整和变迁，通过金融创新实现对交易成本的节约的。为了拓展对金融创新的研究，需要打开金融产品或金融模式的“黑箱”，深入到它们治理结构的内部进行观察，并对创新前后的不同状态进行比较，分析它们在治理机制方面的差异，从而确认金融创新的社会福利来源。

在本书看来，与金融学中的其他研究方法相比，制度与合约方法更为强调不同组织和金融现象涉及主体之间经济关系或博弈结构（签约模式）的差异性，重视通过比较制度分析或比较组织分析，来对不同签约模式进行评价。以此为基点，有可能在两个方向的工作上实现进展，一是不同组织和制度的横向比较及评价，二是同一组织按照时序先后所进行的比较。前者可以涉及横向效率评价和差异化研究，后者则可以用来说明组织或制度的变迁路径，从而给出横向差异的深层次原因。按照这样的研究思路，可将制度金融学方法用于金融评价、金融创新与金融战略方面的分析。金融评价是理解当前的金融模式，即当前的金融模式是如何形成的，和同时代的其他机构相比创新程度如何；金融创新是指结合机构禀赋与社会经济与技术条件，在近期可能实施哪些具有可行性的业务创新；金融战略则指的是，对未来较长一段时期金融发展趋势的预测和前瞻。图 3-2 反映了上述内容和结构。

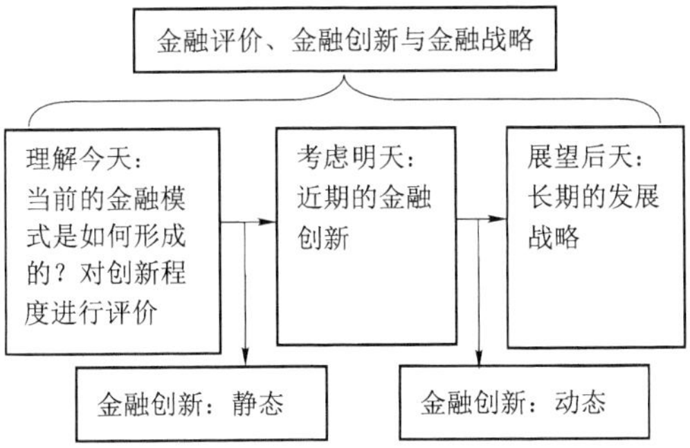

图 3-2 制度金融学的研究视角

作业与练习

1. 概念与专业术语：完备市场假说、逆向选择问题、道德风险问题、制度金融学、金融评价、金融创新、金融战略。

2. 为何“看不见的手原理”在现实中常常不会像古典经济学所预期的那样，能够充分地实现资源配置效率？

3. 为什么说与新古典经济学相比，新制度经济学和合约理论为经济学和管理学的发展提供了诸多洞见？

4. 当交易中出现“逆向选择”和“道德风险”问题并由此带来效率损失时，可采取何种措施予以缓解？

5. 交易性质主要包括哪几个方面的内容？

6. 与传统金融学研究方法相比，制度与合约方法更强调哪些内容？由此可能在哪些方面实现新的进展？

第四讲　金融创新应用分析框架

学习目标：首先了解金融创新范畴的理论含义。以此为基础，通过探讨创新与变迁的内在联系，明确金融创新与金融制度变迁之间的对应关系，实现微观分析与宏观分析的结合与统一。其次，在对“风险”与“不确定性”进行区分的前提下理解金融风险控制的制度方法。最后，掌握金融创新应用分析框架的主要步骤与内容。

重点和难点：金融创新、金融创新与金融制度变迁、金融风险控制的制度方法、金融创新的应用分析框架。

一、金融创新范畴的界定

针对金融创新，一些学者结合自己的认识进行了界定：生柳荣（1998）在比较分析已有定义的基础上认为，所谓金融创新乃是金融业各种要素的重新组合，具体是指金融机构和金融管理当局出于对微观利益和宏观效益的考虑而对机构设置、业务品种、金融工具及制度安排所进行的金融业创造性变革和开发活动。王华庆（2011）、艾伦和雅戈（2015）也有大体类似的定义。总的来看，这些研究大都基于熊彼特（1990）的创新理论，即创新是指对生产手段执行新组合。这种新的组合能给企业带来超额利润，其公式为：创新带来的超额利润=创新模式对应的产出-机会成本-交易成本。在正常循环没有创新的情况下，以上表达式应该为零，即没有超额利润。只有当“新模式下的产出>原有模式产出（即机会成本）”时才是真正的创新。从上面的公式看，创新的实现途径主要有两类。一是科技进步对生产成本的节约。比如蒸汽机作为科技创新，使火车的出现成为了可能，能够让人们以更快的速度、更安全地抵达目的地。其产出的市场价值是与现有的马路驿道相比，人们愿意支付的价格。机会成本则是火车建造及运行所需的钢材、劳动力，用于别处时所能获得的最高报酬。对于金融领域而言，此类创新指的是各类科技进步对于金融服务生产成本的节约，即降低了原有金融生产要素的成本。以电子系统替代人工计算和账簿，以及数学、物理等方法在金融领域的各类应用，就是这方面的例子。二是合约模式或商业模式创新对于交易成本的节约。比如，某种新的管理方式更能节约交易成本，同样可以带来超额利润。当然，现实中两者往往交织在一起，即科技进步在带来新产品的同时，也蕴含了管理方式改进空间的扩大。

在以上两类渠道中，交易成本的节约来自于交易者之间的合约创新，科技进步则发挥着基础性作用，并为这种间断性创新提供了可能。对企业家来说，虽然具体发生时点存在不确定性，但这种潜在机会总会被人捕捉到，并通过合约创新将可能性转化为现实。根据以上分析，金融创新是指在金融领域对各类资源的重新排列组合，既包括新的生产函数也包括新的合约关系。前者在实践中主要体现为各类自然科学手段在金融领域的应用，后者则属于合约创新与制度变迁分析框架的涵盖范围。其中，技术进步会改变金融合约所涉要素的相对价格，从而影响金融生产函数及合约的结构选择。因而，技术进步型创新往往蕴含着合约创新的动力。相关主体的创新动力，主要在于新组合能够带来更多的收益。根据所作分析的侧重，本书主要选择其中的合约创新视角。

根据前面的讨论不难发现，从整个社会角度看，对创新的评价标准是：某些创新能够带来社会福利的提高。这包括两个主要方面：一是成本的下降带来净福利增加；二是成本不变情况下的总收益上升。比如，创新能够更清晰地展现不同消费者的偏好，从而有利于市场细分以及设计更具针对性的产品，这无疑会提高福利。在金融领域，则表现为某类金融模式可以媒介过去无法实现的融通，即带来金融市场的拓展，并由此增加社会福利。而在具体评价手段上，金融创新的评价标准则有定量和定性之分。其中的定性标准，往往以结果（事后）为标准，从而可以回避直接度量所面对的种种困难。其具体含义是，一个新模式如果在不违法的情况下能够较稳定地存在，或者说比较稳定地被社会接受，就往往意味着具有一定创新性。

二、创新与变迁的一般含义

（一）关于创新的微观基础

熊彼特（1990）所论创新，应该同时包括“科技进步催生潜在新产品”以及“管理方式创新对交易成本的节约”。金融机构存在的主要意义，则在于创新金融产品，获取超额利润。无论是银行还是投行都是这样，完全没有创新性的产品则将标准化，成为金融市场上的标准化的金融工具。此时金融机构只能从标准化工具发行中获取基本的服务费用，而无法获得超额利润。当然，在现实当中，同一家金融机构，或同一个交易所，往往是创新性产品和已经实现标准化的产品同时并存，即同时获取着创新收益和基本服务收益。只不过，创新能力更强的机构，其创新业务的比重要更高，能够引领金融变革。

创新是交易方式或签约模式的创新，是新产品或新模式替代原产品并导致原模式破产的创新。据此，熊彼特（1990）认为，是存量的资本（经济资源）从原有模式转向新模式，而并非少量的新增储蓄转向新模式导致的经济发展。从这方面看，熊彼特（1990）主要论述什么是创新以及创新的经济影响问题。奈特（2005）的研究则更为微观，他重点关注的是不同个体在面对潜在创新时可能的差异性行为。由于创新是人们还不十分熟悉的新生事物，因而无法通过先验概率或统计概率来判断其风险，需要当事人对其进行估计，既包括对可能性集合的估计，也包括对各种可能结果发生概率的估计。那些更为“出色”的个体，更能准确地对其概率做出估计，从而更有可能就“是否实施、何时实施”等问题作出正确决策，并通过“不实施错误决策情况下的减少损失”或“实施正确决策下的增加额外收益”来获取相对高的利润。

正是这些具有特殊才能的企业家，才能较早发现上述机会，并将熊彼特（1990）观点中的潜在创新转化为了现实。[①] 从这方面看，奈特（2005）主要从风险控制角度，研究了知识生产过程在经济发展中的作用，以及企业家才能中的“不确定性估计能力”的重要意义。同时，还为企业家的“不能量化不确定性的估计能力或默会知识”，逐步转向“可量化不确定性或显性知识”的人类知识生产和进化过程提供了启示。

（二）制度变迁的微观解释

按照格雷夫（2008）的分析，内生的作用过程、外生冲击或两者的共同作用，可以引起制度变迁。产生制度变迁的机制就取决于界定自我实施范围的准参数特征。制度变迁的机制反映了人们大胆尝试新行为的意愿，或者反映了对情景有更好了解的人的出现，这些人通过他们的行为，揭示了一个新的制度均衡。从以上分析看，格雷夫（2008）在这里所提的“不确定”，其实对应了奈特（2005）所论“不能量化的不确定性”。而所谓的“对情景有更好了解的人”，也与奈特（2005）所说的“估计能力较强的人”相呼应。而这些人的行为揭示了一个新的制度均衡，其实指的就是这些人实施了创新。创新意味着改变，是博弈的结果，故而对应着新的博弈均衡。

对于变迁时点的发生机制，格雷夫（2008）是这样分析的：当这种导致制度变迁的削弱过程在事前没有被预料到，但是很多人事后意识到遵循过去的行为不再是最优的时候，人们就会突然放弃过去的行为，制度变迁也就会显现出来。因此，制度变迁表现为不时中断的均衡，实际上变迁是连续发生的，但常常表现为突然的变化。这样的突然变化通常和危机相联系，因为危机表明过去的行为不再是一个均衡。应该说，格雷夫（2008）提出的所谓“制度变迁表现为不时中断的均衡”，其实对应了熊彼特（1990）所谓的“破坏性创新”。只是，这种创新也是间断性的，需要积累一定力量后才会表现出来，需要以更大的收益去平衡

---

① 这里所说的企业家是一个包括各类人才在内的群体。

创新后需要重新投入的沉没成本。这里的“逐步积累”，是指人们的行为选择基于收益和成本衡量，原有均衡被保持时，意味着其收益大于成本。但制度变迁会改变人们基于原有均衡的收益和成本，可能存有模糊地带，即两种均衡下净收益差不多的状态。直到新均衡下的净收益明显大的时候，才会表现为从原有均衡到新均衡的跳跃性迁移。

而在对制度削弱过程的解释上，格雷夫（2008）认为，如同有目的的制度增强一样，一旦人们预期到制度自我削弱的情况，某项特定制度的盛行会引致以削弱该制度为目的的协调行为。这些削弱制度的协调行为表明，虽然对现行制度不满的人不能单独改变制度，但是他们可以通过集体行动来改变制度。例如，当那些不满于现行制度的人想要倡导行为时，他们可以汇集资源，利用这些资源来提高其他人采取所倡导行为而得到的收益。资源是必需的，因为制度化行为是每个人的最优反应，而且促使别人采取当前的非制度化行为，需要改变原有的激励，例如改变与采取非制度化行为的后果有关的信念。一旦有足够多的人转向了一种新的自我实施行为，对其他人来说，最优反应也是采取这个行为。此前的行为就这样被削弱了，新的行为则被逐渐制度化。一旦如此，就没有必要再把资源用于引发新的行为。应该说，格雷夫（2008）提出的所谓“利用这些资源来提高其他人采取所倡导行为而得到的收益”，在理论结构上类似于熊彼特（1990）论述的资本市场在经济发展中的作用，即创新型的生产方式，要通过支付更高的回报率，将资源从传统生产方式中吸引过来。现实中的例子也印证了上述结论，比如，早期支付宝为鼓励大家使用其服务，曾为客户首单支付提供20元现金奖励。还有滴滴出行早期对消费者和司机的奖励，都是为了吸引其他人与它进行合作，通过集体行动改变制度。因为在其语境下，对习惯于原有方式的司机和消费者来说，使用滴滴出行或支付宝这种新方式，就是“非制度化行为”，为此需要提供激励。一旦有足够多的人转向，新的行为就被制度化了。

（三）金融创新驱动金融制度变迁的宏观图景

金融创新来源于市场主体对环境参数变化的响应。环境或参数变了，则依据原来环境、参数签订的合约就可能不那么有效了。此时，调整合约部分条款就成为交易双方的必然选择。但是，环境和参数的变化不可能对缔约各方产生完全一致的影响，有的影响大，有的影响小，有的是正影响，有的是负影响。总之，因为利益结构发生了变化，缔约各方的反应会变得非常复杂。然而，正是这些以收益最大化为目标的交易参与者，随时捕捉带来生产成本和制度成本变化的各种因素，并据此来调整微观合约结构，才推动了金融产品层面的创新。同时，为了最大化金融产品创新的收益，组织结构也需要进行相应调整，从而引发组织结构变迁。而作为一国金融制度构成部分的金融组织结构，如若发生了普遍变迁，那么金融制度的变迁就发生了。

三、金融风险控制的制度方法

（一）经济理论中风险与不确定性的区分及其应对

1. 风险与不确定性的区分①

在经济思想史当中，对于不确定性的研究始于利润理论。具体来说，利润到底是一种或几种已知生产要素对应的收入，还是一种尚未确认的生产要素的收入。如果确实存在这样一种未知生产要素的话，就意味着我们对微观生产函数的结构还没有搞清楚。如果能对这种尚不可知的要素予以确认，就可以明显推进对生产函数的认识。

根据奈特（2005）的介绍，各国的学者在对利润的认识上明显受到自身所处社会特征的影响。在十八世纪后期至十九世纪早期的英国，使用自有资本雇佣劳动并从他人那里租入土地还是建立企业的主流模式。因而，管理的职能集中在资本家身上。这样的时代背景影响了英国古典经济学家的研究，据此形成的主流看法是，将利润和利息看作近似，同时也认为利润包括“利息、照看企业的酬金、风险报酬”。但这

① 本部分内容主要是针对奈特（2005）的评述。

里的风险报酬指的是与资本损失对应的风险，其实仍然属于利息的范畴。在法国社会，经理的个人能力显得比资本更重要，因而由企业家借入资金而不是资本家直接经营的情况要更多。在这一背景下，法国早期经济学家的主流看法是将利润与利息分离，前者对应管理工资，包括风险承担的报酬。德国早期经济学家则各执一词，舍夫勒认同英国学派将利润视为利息的观点。罗雪尔则支持法国古典学者的看法，把利润等同于管理工资。胡费兰（1807）和里德尔（1839）则认为，利润既不能归为资本回报，也不能归为劳动报酬，是特殊形式收入。屠能把利润视作对风险的报酬以及苦心筹划的付出。曼尔戈特则将企业家收入分为三部分：（1）有些风险不能通过保险转移，企业家收入是与之相对应的补贴；（2）企业家的利息和工资；（3）与企业家特殊能力稀缺性对应的租金。

在马克思、恩格斯看来，利润来源于剩余劳动价值，代表了对工人阶级的剥削。由于财产所有权对劳动工具的压倒性优势，使其在劳资谈判中凭借强势地位获得剩余。格罗斯（1821）则认为，利润是产品价值与成本间的差额，而这个差额则来源于企业家的讨价还价能力，即企业家从要素市场与产品市场之间套利的能力。这种讨价还价能力主要是企业家超人一等的知识和预见能力。他同时认为，承担风险不可能成为一种收入，收益和损失必然取得平衡，即认为利润的期望值应该为零。这意味着，格罗斯并没有对风险和不确定性的本质做出系统性解释。

美国学者克拉克（1900）在其动态理论中对利润做出了如下解释，包括技术进步在内的动态变化是利润产生的唯一结果，企业家只能短暂占有，终会消散于竞争之中。静态均衡条件下则不存在利润。克拉克理论的缺陷是，未能认识到变化分为可预见的变化与不可预见的变化。对可预见的动态变化，可提前做贴现处理，即可纳入价格之中。只要变化规律已知，就不可能产生利润。霍利的风险理论（1907）则认为，利润不是管理报酬，因为企业主可以雇佣他人从事管理，同时强烈支持利润只能通过风险进行解释的理论，即利润作为“剩余收入”是因承担风险获得的超过风险实际成本之上的报酬。他同时认为，企业家可以通过保险支付固定成本，从而消除风险，但这也会消除了利润。霍利的分析存在的缺陷是没能区分可度量风险与不可度量的风险。他所定义的风险仅仅是可度量风险，而可度量风险不会产生任何回报。这样的解释，也和利润在经济中的持续出现相矛盾。

根据奈特（2005）的观点，在完全市场条件下不存在“利润或亏损”，各类要素获得“均衡工资”。但在一些处于不完全市场条件的行业中，生产过程需要新要素的参与，这个新要素就是企业家对不可度量不确定性的应对能力。奈特（2005）的核心贡献在于，首次区分了风险与不确定性，风险是可量化的不确定性，包括两类，一是可利用先验概率估计的不确定性，二是可利用统计概率估计的不确定性。不确定性则指不可量化的不确定性，是只能利用主观估计概率估计的不确定性。

按照上述逻辑，奈特（2005）将企业家职能定义为“对员工估计能力的估计能力”，而不是对企业经营前景的估计能力。因为后者属于获取工资的才能。利润来自于员工对自身估计能力预期的偏误。熊彼特（1990）也持类似看法。应该说，奈特（2005）和马克思一样，都认为利润同样来自于企业雇佣的人，只是在关于利润获取途径上的解释存在差异，马克思认为资本家凭借与工人不平等的谈判地位获取利润，奈特则认为是企业家超人一等的能力使其从工人身上获取了利润。

2. 作为制度反应的不确定性应对方法

作为制度反应的不确定性应对方法主要包括两类方法。一是合并，合并既可以应对可度量风险，也有助于对不可度量不确定性的管理。就前者来说，合并主要是以分组事件代替个别事件。而无论对先验概率还是对统计概率来说，通过增加“实现”的个数，可获得更为稳定的结果，将较大的或然损失转变为较小的固定支出。而合并针对不可度量风险的应用，包括企业组织形式演进、金融系统的演进等形式。比如，从集中投资于个人企业、分开投资于合伙企业、分散投资于公司制企业，都是沿着风险变得更加分散化的方向演进。二是专业化，专业化指的是把风险转移给职业投机者，包括两类，一是对冲合约，二是风投，即把企业发展阶段中风险高度集中的初创阶段交由风投处理，前景明朗后即售出。除了合并效应外，专业人士因频繁接触，洞察能力会高于平均水平。

3. 实践中的风险应对策略

应对不确定性的能力涉及企业的核心竞争力，而企业对于不确定性预测的方法包括三种：一是先验概率预测，二是统计概率预测，三是主观估计概率预测。如果前两种预测都是客观的、企业间无差异的，企业盈利能力间的核心差别将集中于“主观估计概率预测”上的差别。实践中风险管理体系的构造，则是“客观预测+人的主观预测”的联合运用。无论事前计划多么周密，总有一些情况需要“人”临时判断，在有限知识下做出估计。对于客观方法无法解决的“真正的不确定性”，通过人的主观预测予以弥补，这也是人不能完全被机器代替的原因。客观预测方法和主观方法的具体分工是，现实当中的客观方法依靠历史数据预测未来，只能近似，但一定存在偏误，好方法的偏误更小一些。客观方法理想运行都无法覆盖的不确定性，以及以上客观方法偏误对应的不确定性，只能交由主观方法应对。

4. 奈特体系的缺陷

在风险管理中具有重要作用的人的主观能动性问题，奈特（2005）仅仅是隐约提到，未展开系统论述，因此忽视了员工激励在应对不确定性及风险管理中的重要性。

（二）制度视角下的贷后风控体系构造：通用框架

风险或不确定性，指的是不同主体间经济联系的风险或不确定性。而经济联系则意味着某种交易的存在，进而交易存在着风险或不确定性。那么，该如何应对呢？首先，应对与先验概率相对应的金融交易风险的方法主要是合并，以此将较大的或然损失转化为较小的固定成本支出。与统计概率对应的金融交易风险的方法，首先要根据历史数据获得其概率分布的估计，而后再通过合并和专业化等方法，将或然损失转化为固定的成本支出。总之，可度量的金融风险，主要是在确认其概率分布基础上，实施合并和专业化。

而要对付不能量化不确定性的金融风险，则主要依赖主观估计能力，或主观预测能力。企业家往往需要雇佣专才从事此类工作。然而，企业家与相应专才间存在信息不对称，或者说企业家面临着道德风险。制度方法的作用主要在于通过压缩道德风险的作用范围，提高机构应对金融不确定性的能力。对信贷风险管理来说，银行加强风控的着眼点，一是统计概率方法研发或购买，二是调动员工的主观概率估计能力。对主观概率估计来说，很多时候可能还是一种协同估计能力，即“客户经理+风控经理+风控委员会”等几方的协同效应。从贷后风控构造的制度视角看，风险识别和处置的实际过程，需要银行员工的配合，而后者又存在道德风险问题。因此，要实现上述统计概率与估计概率效能最大化，就要处理好银行员工的道德风险问题。针对道德风险问题，银行应着力建设三位一体的贷后制度风控体系：第一，签订尽量严密而交易成本又不过高的贷款合约，以控制借款人的道德风险；第二，制定员工考核体系，主要应对银行员工的道德风险；第三，设计信贷管理流程，将对借款人的要求以及对员工的管理整合为无缝隙的时序行动链条。

基于以上分析，本书尝试建立一种更为综合的“风控观”。我们认为，有效的风控体系，应该是量化方法与制度方法的有机融合。针对可度量的不确定性，我们采用定量化的风管方法。值得注意的是，专家分析法虽然采用所谓的主观性判断思路，但也可视为将专家根据所掌握的各类信息给出的量化指标。而针对不可度量的不确定性，则采用流程设计、相对绩效考核、企业文化建设等方法。具体作用机制是，采用流程设计，旨在分解和明确工作人员的具体责任和规定动作，从而压缩其道德风险的作用范围。然而，即使对此作了细化规定，在某个工作环节上，工作人员是否努力，银行仍然无法充分观察到，银行对此可以采用相对绩效考核制度，即利用“锦标赛”等相对方法，通过员工间的竞争来促使他们暴露自己的信息，缓解信息不对称。具体手法主要包括锦标赛薪酬以及责任认定。然而，还会有残存的道德风险。对于这部分要么无法管理，要么管理成本过高。对此，应考虑采用企业文化激励的方法，即提高员工的主人翁意识，通过员工的自我激励来压缩道德风险。

基于以上分析，我们提出如下通用框架（见图 4-1）。从管理角度看，贷后风控体系的构造包括如下环节：（1）精细化选择各种风险监测时点；（2）遍历所有风险情形；（3）针对每种情形制定“行动链条化”的应对预案：将所有行动链条中的借款人责任写入借款合约，而将所有行动链条中的员工尽职要求写入员工考核激励体系，并选择适当权重。

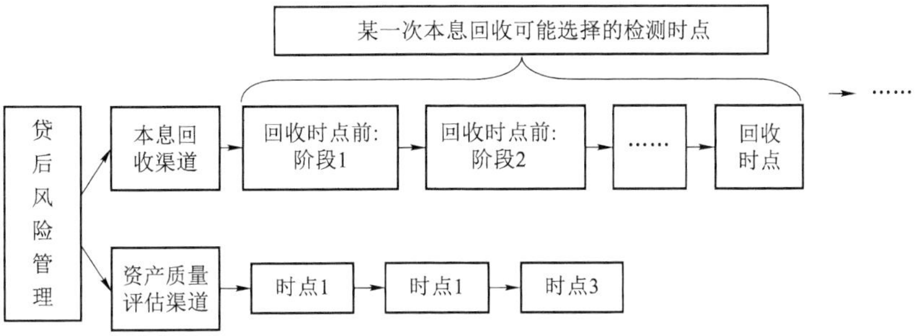

图 4-1　银行贷后风险管理体系

其中的重点和难点有这样几个：第一，评估风险监测时点的完全性；第二，评估风险情形遍历的完全性；第三，评估应对预案之“行动链条”的封闭性和完全性；第四，评估借款合约内容中借款人责任的完全性；第五，激励员工尽职的员工考核体系的有效性评估；第六，由于将风险无限压缩并不一定是最好的选择，因而在员工激励制度设计中，需处理好业务规模与单位金额意义上风控水平间的平衡。

（三）通用框架在“状态”依存条件下的变异

讨论和认识“贷款状态”的差异具有重要意义。同一个金融机构在不同时期，或不同机构在不同时期面临的风险轮廓不同。针对不同的“风险交易”，应该匹配不同的治理手段。我们尝试对某类贷款的“状态”所考虑的特征维度定义如下：第一，这类贷款的期限；第二，这类贷款的数量；第三，这类贷款的规模；第四，这类贷款的文化特征。

结合以上特征维度，在不同情境下各类贷款管理的状态会出现变异。我们分别考虑以下分类：第一，期限长、规模大、数量少的信贷业务。比较典型的是开行业务。此类业务模式下，统计概率方法作用有限，主观估计方法重要性相对上升，同时因为项目规模巨大往往需要高层管理人员出面洽谈，因而高管主观估计能力的开发就较为重要。第二，期限短、规模小、数量少的信贷业务。比较典型的是县域的农商行贷款。此类业务下，统计概率方法作用有限，主观估计方法重要性相对上升，需要调动客户经理的主观估计作用。第三，期限短、规模小、数量多的信贷业务。比较典型的是商业银行信用卡和中小贷业务。此类业务下，最典型的极端形式是信用卡业务，其风险识别仅仅通过是否及时还款一个时点来判别风险，无需提前预测。统计概率方法作用大，主观估计方法重要性相对小一些，不需要采取特别措施调动客户经理的主观估计作用。对于大型商业银行的中小贷业务，由于数量较多，因而对客户经理主观估计作用的需求也比较小。第四，文化（非正式制度）差异的影响。以西藏部分牧区的信用贷款为例，此类贷款同样具有期限短、规模小、数量少的特征，只是文化因素方面存在差别。具体来说，受相关文化的影响，信用风险较低，藏民的诚信文化浓厚，信用风险极低。因而，在对此类贷款的风控体系构造方面，统计概率方法作用不大，主观估计方法重要性也比较小，调动客户经理积极性的安排要相对简单。

四、金融创新的应用分析框架

（一）全产业链视角下金融创新的步骤

第一，为促进实体经济发展所进行的融资及金融产品设计，是作为金融产业链的起点而存在的。制度合约方法在本阶段的信用机制构造中发挥着主导作用。若再进行细分，包括信任文化摸底在内的社会信用调查应该是其中最先进行的工作。其意义在于，不同文化与社会环境下的信用水平是不同的，同时用以实现不同信用水平增加值的信用机制所需付出的成本也是有差异的，故而对一个新进入当地的金融机构来说，了解当地的信用水平并选择与之相匹配的信用机制就成为了无法回避的步骤。第二，根据当地信用调查总体情况及金融机构锚定特定细分领域的信用与市场状况，设计出与本土化特征相匹配的金融产品。第三，在上述金融产品中，有些具有标准化特征，还有一些则具有标准化潜力，比如可以通过资产证券化（ABS）等集合操作手段获得较稳定的风险与收益。这些标准化的基础金融产品或衍生金融产品，可进一步成为二级市场投资的对象，甚至可据此衍生出更为复杂的金融脱媒的形式。第四，无论经历多少层级的衍生，最终的金融产品收益均来源于被金融服务之实体经济的收益。所有的金融衍生过程，也对应了新的由担负各环节职责的金融机构组成的金融结构体。该金融结构体的主要作用，则是实现从“非标准化具有较弱流动性的基础金融产品发行”到“更具标准化和流动性的衍生产品”的转变，为投资者和融资者双方提供更好的服务。但这个过程也存在着风险，那就是，基础和衍生品收益与风险的分布本来不应因上述过程而发生重大的变化，但在现实当中未必能做得到。第五，尽管所有阶段都是多种研究方法的综合运用，但相对来说，制度与合约方法侧重于前期，数量方法侧重于后期，同时由于信息数码化是金融管理的前提，因而财务金融方法在以上阶段都是作为必要工具而存在的。

（二）金融创新的双层分析框架：静态分析

如果将实践中的创新行为视为一个动态的时间序列，则可以将金融创新分别置于静态与动态这样两个视角之下予以观察。其中，静态优化分析指的是针对某种既定环境中的具体交易，在明确其交易属性基础上，确定更好的治理模式（合约）。动态优化则意味着交易环境、交易者特征及交易属性会发生变化，进而所谓的好模式也不是一成不变的，而是具有状态依存的特征。首先考虑静态分析的情况，在有“人”参与的交易里，可以有如下两个分析阶段，一是交易可能性及潜在福利分析；二是如何推动增加潜在福利的交易实现的问题。前者可以利用新古典分析方法，不考虑参与人的投机和理性约束，后者则主要基于参与人特征分析如何通过具体合约实现和锁定潜在福利的问题。

1. 潜在福利的发现：业务或模式的方向选择

对融资双方及中介来说，好的金融产品必须体现在会计和财务指标上。但必须指出的是，会计和财务视角下的收益最终要来源于经济学上社会福利增加。只有社会福利增加，才能真正推动财务收益的改善，也才能成为真正意义上的创新。因此，社会福利增加是财务收益的经济学基础。要分析金融创新，首先从作为潜在收益基础的社会福利说起。

一般来说，技术进步可以带来交易成本的节约，并进一步导致交易可能集合的扩大。但这仅仅是金融交易的必要条件，更大的可能性集合，一方面使得这个必要条件更加宽松，更容易满足，另一方面，使得双方交易蕴含的潜在福利增加。然而，相关交易要真正实现，还需要双方在潜在福利基础上克服现实当中一系列具体困难而形成合约。这些困难主要是有关“人”的困难，比如，在现实中，大多数合约是非即时性的，存在签约前、签约中和签约后的阶段划分。同时，参与人又存在投机和有限理性的特征。这就是说，某些参与人由于将资产交由他人使用或进行了专用性投资，可能会因此而陷于被动。为此，还需要关注潜在福利在实践中如何实现的问题。

2. 潜在福利的实现：业务设想的“管理化”过程

金融创新与金融合约的微观分析，提供了“社会福利”改进的分析框架，是判断金融创新的核心标准。但能否将潜在金融创新蕴含的社会福利改进锁定，还需要考虑实践性的商业模式，即在“不违法、不违规”的前提下，能否以“足够低的交易成本”构架出锁定潜在收益的实践商业模式。融资双方和中介最终看的是财务收益，社会福利增加固然是基础性制约因素，但最终能否被市场接受，还要看这种潜在增加和基础因素能否通过现实中可资利用的手段转化为实际经营绩效。

针对某个蕴含潜在福利增加的领域，怎样促成相关交易各方达成合适的合约从而将潜在福利锁定，是实现环节的重要议题。[①] 在现实当中，由于参与人同时具有投机动机和有限理性，这使得某个金融交易，比如说人与人之间的 P2P（person-to-person，个人对个人）交易，要想达成的话，就不能仅仅满足交易可能性，还要分析在面临投机和有限理性等条件下如何实施的问题。这就使得合约设计变得重要。一般来说，某个合约或其蕴含的制度或金融模式，之所以被参与各方接受并自觉执行，一定因为它是一个大家权衡后自主选择的均衡结果。这就意味着，合约设计要考察双方的博弈关系，看能否实现博弈均衡。同时，如果要保持某个合约持续稳定存在，必须以动态视野去观察。这样一来，在分析某类交易现实可行性时，或者说分析管理这类交易的合约时，就需要利用动态博弈分析框架。在此基础上，究竟是选择哪类博弈模型，就是根据研究需要的具体选择问题了。上述过程涉及两个关键点，一是制度与合约理论设计意义上的激励与参与措施和条件，能否通过经济社会中已有的法律法规和相关制度，转化为具有可实施性的措施；二是制度与合约理论设计中的目标设定以及利益分配模式，必须能借由现实中的会计财务制度予以实现。为此，需要将制度合约意义上的设计，转化为会计与财务权责的界定与利益分配。

（三）金融创新的双层分析框架：动态分析

在签约环境既定的情况下，旨在实现几种要素协作的制度或合约设计，不仅存在某种最优安排，同时，这种最优安排还状态依存于要素成本变化以及新要素出现等条件。相关组织或个人需要结合环境变化，随时对“最优安排”做出调整。因而，所谓的最优金融合约并非一成不变，而是需要对环境变化不断做出响应和调整，由此形成金融创新的动态路径。图 4-2 的左半部分描述了面对内外部条件的“一次”变化，金融业务合约的选择过程；右半部分则反映了动态条件下金融创新的实现机制。

---

① 实际上是个复杂合约体系，包括“组织与内部员工、组织与外部对象”等一系列合约安排。

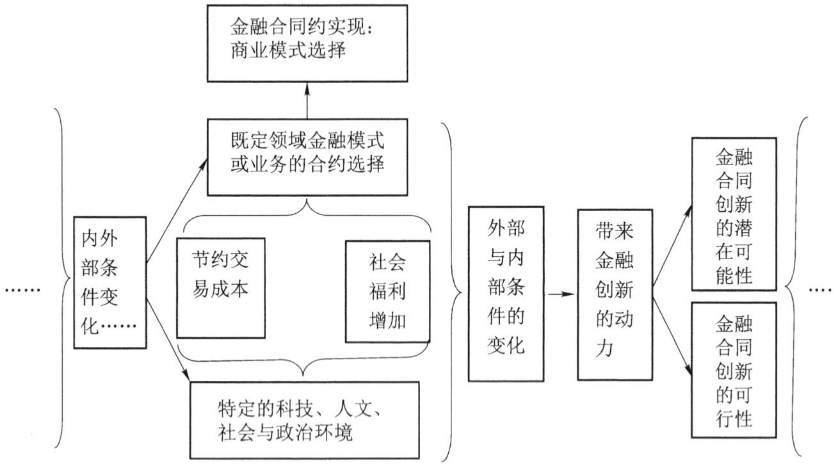

图 4-2　金融创新的双层分析框架

作业与练习

1. 概念与专业术语：金融创新、创新、风险、不确定性。

2. 创新的评价标准是什么？包括哪些方面？

3. 按照奈特的理论，为何将企业家职能定义为“对员工估计能力的估计能力”，而不是对企业经营前景的估计能力？

4. 作为制度反应的不确定性应对方法有哪些？

5. 企业对于不确定性预测的方法包括哪些？

6. 从风险的不确定性角度来看，为何说人不能完全被机器代替？

7. 谈谈你对综合“风控观”的理解。

8. 从管理角度看，贷后风控体系的构造应包括哪些环节？

9. 从大的方面看，风控方法主要包括哪两类？它们的区别是什么？

10. 在有“人”参与的交易里，创新的实现包括哪两个阶段？

案例分析篇

案例分析部分的目的在于学以致用。但在金融创新案例的选择方面，本书并不完全以新颖性为标准，而是着力挖掘其内在的具有稳定性的创新逻辑。这是因为，任何在“今天”算得上新颖的案例，到了“明天”都会成为过去。然而，某项创新背后的机制和逻辑往往是稳定的，如果我们掌握了这样的逻辑，同时再和实践中鲜活且日新月异的场景相结合，与业界专家的经验相融合，就有可能实现真正的金融创新。这或许是教育和教学环节最应当承担的职责。另外需要指出的是，这些案例的入选绝不意味着它们完美无缺，其中一些甚至还存在着“问题”。本书将它们选做案例分析的着眼点主要在于，这些金融的新模式或新产品，至少具有某方面的创新含义，在其他条件“既定”的情况下，可以带来收益增加和社会福利提升。当然，从横向看，不同应用环境是有差异的，在纵向时序视角下同一地区的环境也会出现变化。无论何种业务，不断做出因时因地制宜的调整，才是创新设计与实践应用的不二法则。

如前所述，本书所议金融创新主要聚焦于合约创新视角，而合约创新的来源主要有两个：一是技术推动型金融合约创新，包括互联网、智能技术及其他信息技术，由这些技术进步间接推动的能够节约交易成本的合约创新。京东的“跑步鸡”贷款、网络联保贷款以及 P2P 网络借贷属于这方面的案例。二是社会建设与组织建设型金融创新，包括诚信水平提升、信用交易人格化等条件的影响，相关实践主要包括开发性信贷业务创新、准完全合约式信贷风控创新、内置金融合作社以及银信理财通道合约创新。

金融创新是各类方法的综合运用。一般来说，金融创新分析应该包括以下三个部分：第一，该创新是否蕴含了福利增加的可能。第二，能否通过风控或治理手段将上述福利增加锁定。第三，财务金融视角下的可实施问题，即通过财务金融方法将福利效应财会指标化，进而对其是否可实施做出推断。本书主要关注前两个方面。另外，为了方便读者理解，在每个案例分析中都提供了摘要和关键词。在正文后面，还列出了部分讨论题，教师和学生可据此进行探讨。

第五讲　开发性信贷业务创新案例分析

摘要：开发性信贷管理业务因定位于“短期亏损、长期盈利”型领域而蕴含了社会福利增加。以此为基础，国家开发银行通过需求管理、签约管理和执行管理，在对银政、银企、银行与所属员工三类关系进行规范与界定的同时，也将上述潜在福利锁定并转化为了现实绩效。

关键词：开发性信贷管理业务、需求管理、签约管理、执行管理

一、开发性信贷领域蕴含的社会福利增加

大约在 2000 年前后，开发性金融模式在中国迅速崛起并一度成为了学术热点。但从以往研究的总体情况看，已有成果大多集中于发展经济学的视角，鲜见管理学层面的分析。学界业已构建出的开发性金融理论，主要强调了该领域蕴含着巨大福利增加这样一个事实，这方面的理论创新，为金融业务发展的中国化过程提供了战略指引。然而，从实践角度看，开发性金融既包含业务方向的战略选择问题，也包括在这个方向上如何克服一系列具体困难从而将其蕴含的潜在福利实现和锁定的过程。如果将“战略指引”与“微观实现”视为开发性金融的“车之双轮、鸟之两翼”，很显然，有关开发性金融实践的研究还存在可以拓展的空间。在本书看来，之所以形成这样“宏观层面分析多、微观层面研究少”的局面，问题主要出在了研究方法选择的局限上，即始终没有找到一种合适的分析工具，能够将发展经济学视角与管理学视角实现有机结合。作为理论尝试，本书选择了制度经济学与合约理论。

（一）市场与政府双重失灵蕴含的潜在福利空间

按照孙国峰（2014）、瞿强和王磊（2014）的说法，政策性金融对应的是短期和长期都亏损的业务；商业性金融对应的则是短期和长期都盈利的项目；开发性金融则主要覆盖具有“短期亏损、长期盈利”特征的领域。开发性金融的成功主要在于它解决了如下三个问题：一是信息不对称，二是顺周期和短期化行为，三是规模效应。问题的解决同时意味着具有福利增加效应的创新红利。

（二）潜在福利空间的锁定

信贷管理的核心任务就是基于既定的发展或盈利目标，最大程度地控制风险。[①] “政府与市场双重失灵”这一潜在福利空间的明确，仅仅为国家开发银行（简称“开行”）金融创新提供了可能。能否将这种可能转变为现实，还要依赖一系列的锁定手段。对开行来说，主要是设置了三层次体系。其中，第一层的风险控制对应需求管理环节，主要是在产业及区域规划期以及立项期阶段发挥作用。这个时期如果能通过组织和制度手段，将信贷配置给前景好、高收益的项目，并淘汰大量的高风险项目，就可以使得贷款发放后的信贷风险控制工作处在有利的形势之下。二阶风险控制对应贷款合同的签订环节，基于需求管理环节提供的制度环境，将信用结构的内容通过合同的形式予以明确，厘清借款人在各项关键任务中的核心事项与义务，以寻求法律的支持和保护。这些

① 一般来说，商业银行将盈利最大化作为目标，开行则将促进经济社会发展作为首要目标。虽然在理论上，高风险可以通过更高的利率价格予以平抑，但这又会降低借款人的资金需求从而减少社会融资总量。在这一条件下，开行的组织与管理手段创新的意义就在于，通过向管理要效益，在利率价格不变或较小幅度上涨的情况下，增加向实体经济供应信贷的规模。在这当中，管理收益超出管理成本的部分，就是开行制度创新对社会让利的福利来源。但与商业性机构不同的是，开行并未将这部分净收益转化为自己的利润增加部分，而是秉承促进发展这一首要目标，将其转化为“做大社会融资总量”的新增动力。具体来说，开行通过这样的制度创新，使其在较低的利率价格水平上，就能实现较高利率所对应的风险控制水平。对开行来说，风险得到了有效控制。而对借款人来说，较低的利率价格又能扩大其资金需求的规模，从而促进社会事业的发展。效率越高的管理制度设计，带来的净收益会越高，对开行做大社会融资总量的支持作用就越大。

内容既包括贷款发放进度的控制、还款计划与来源的确定，也包括抵质押担保的设计等方面。三阶风险控制则主要是控制合同实际执行中可能发生的偏离，应对可能导致实际执行偏离的各类冲击。既定冲击下的偏离程度越小，信贷管理的实际风控能力就越强。工作重点是明确开行所属部门和员工在合约实施过程中的各项尽职要求，将其与借款人行为相结合成为“时序化”的动作执行清单，同时实现相关尽职要求的“考核化”，写入部门和员工的考核激励体系。

二、福利锁定环节（一）：需求管理

广义上的开行信贷管理流程包括两个大的环节：需求管理与合同管理。其中，合同管理又可分为两个条线，一个是签约管理条线，包括总分签约方式选择、银团以及抵质押担保等在内的合同签订，以及执行过程中可能发生的合同变更，这个条线的特征是开行与管理对象之间以法律方式确定名义合同关系。[①] 另一个是合同执行管理条线，即通过制度手段来管控实际合同运行发生偏离所带来的信贷风险，在这一条线上，有效提升开行工作人员的执行能力和执行效果是执行管理工作的核心内容。

（一）需求管理的战略设计

2003年，开行提出了“政府热点、雪中送炭、规划先行、信用建设、融资推动”的20字方针，将“规划先行”作为开发性金融建设的重要内容。经过十几年的建设，“规划”已成为开行的核心业务品牌，也是开行的核心竞争力。开行在总行设有规划局、各分行设有规划处，其规划业务包括：行业规划、区域规划和城市规划。与其他性质的规划

① 需要特别说明的是，虽然不良化解也是贷后管理的重要职能，但实际上，除了与银政合作相关的“三挂钩”政策，可以认为是属于签约管理部分的内容外，其余的与不良化解有关的签约内容已经隐含于信用结构设计，担保管理等部分。故而，在签约管理中未将“不良管理”单独罗列出来。

不同，开行的规划业务具有两个特征：一是开行的规划并不是独立完成的，而是与有关部委、地方政府以及重要客户共同合作完成，规划的目标就是相关产业、地区或企业的发展目标；二是规划的内容不仅包括经济、社会、产业发展规划，更重要的特色是包括了为把规划落到实处的融资规划。融资规划根据总规划的目标，安排资金规模、进度，设计融资模式。2008 年以后，开行规划业务的范围已扩展到村镇规划、社会规划、国家规划和跨国规划。规划既成为开行的核心竞争力，也是开行中长期信贷管理的起点和优势。

银政协议是开行在“规划先行”的基础上，借助政府的行政组织能力，推动市场信用建设、保证信贷资金安全的重要举措。以“规划先行”为切入点，开行与地方政府建立了银政协议制度，这一制度对后续微观贷款项目的遴选及风险控制具有两方面影响：一是促进宏观规划工作，二是增强还款保证。就前者来说，开行和政府有关部门合作，首先进行区域或产业的前期规划研究，而后按照前期研究指导后续的产业及城镇化项目信贷方案。这不仅有助于厘清目标区域或产业的潜在优势，还能倒逼制度建设，以市场化、规范化的方式将这一潜在优势变为现实，实现跨部门、跨企业的资源配置。增强还款保证则分为直接和间接两类形式，直接还款保证是指银行以财政资金为还款来源或担保的情况，间接保证是指政府承诺积极协调所在区域企业诚信履约，降低开行的追偿成本。

图 5-1 所示的需求管理主要环节中，银政联席会议制度是开行信贷项目启动工作的初始步骤。该制度以地方行政首脑与开行定期或不定期的会议为主要形式，其内容是地方政府通报当地区域与产业规划及相关项目投资信息，开行则提供融资与融智双重支持的初步建议。这项制度大约建立于 2000 年，来源于总行要求各分行主动与当地政府联系、协商项目信息，后来还被进一步归纳为“政府热点、雪中送炭”，成为开行 20 字工作原则的核心内容。经过一系列制度推动与实践洗礼，银政联席会议制度已经作为共同知识被各地政府所熟知，开行也因此在银政合作方面，拥有了远超其他商业银行的政府资源禀赋。比如，在不少

地方政府主持召开的各类金融工作会议中，开行分行可以与当地人民银行及银监机构一道参加。

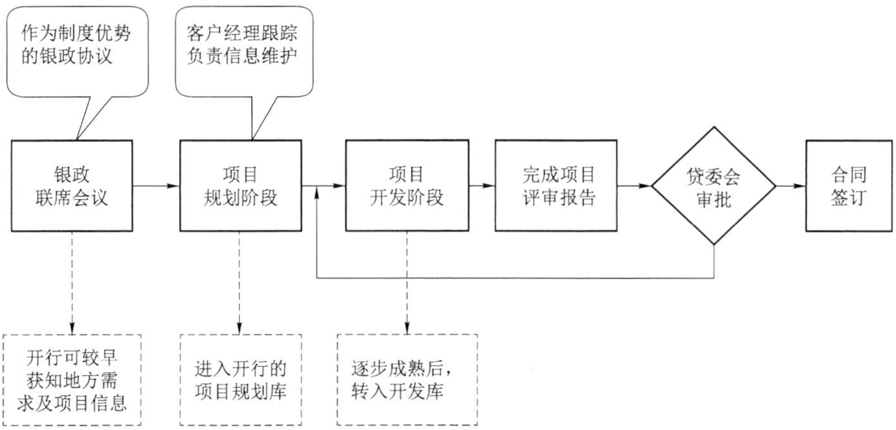

图 5-1　贷前主要环节示意图

（二）需求管理的实施步骤

实践中，不少地方政府往往就本地五年规划或其他区域及产业规划征求开行建议，开行还为此专设了“规划贷款”项目，专门用以支持地方政府或大型企业集团的规划研究。开行在各地的分行设置了规划处，专司负责这个阶段中开行与地方发改委等部门的对接。在某市地铁项目前期规划中，开行就作为领导小组成员单位参与了项目的规划论证工作。因而，开行可以从以上会议中更早地了解当地的项目设想及融资需求，并为此进行前期研究和投入，从而在项目构造的成熟期形成信贷竞争优势。

在作为贷前管理过程的规划与开发环节，开行对项目管理有着清晰的阶段划分。对于地方政府通过银政联席会议初步提及的项目，通常将其放入规划库中，并由客户经理负责项目跟踪和数据信息维护。其主要内容包括“意向性”“项目名称”“总投资”等初步信息。如此积极主动的规划项目管理，一方面给开行带来了大量的潜在项目，另一方面，由于规划项目往往在五年后才能进入到合同签订环节，因此亦给开行留出充分时间对其进行不断的跟踪和完善，使之达到开行的评审要求。从以上分析看，与商业银行主要从事成熟项目的做法不同，开行的信贷管理更为重视贷前的项目培育及开发，并借此形成综合信贷管理中相对于商业银行的竞争优势。

随着政府与开行之间的不断互动，规划库中的项目会逐渐趋于成熟，尤其是当相关审批条件基本具备之后，开行会将其转入开发库。在数据管理中也会更为细致，加入“客户名称”“建设内容”等信息。在这个阶段，开行客户经理会根据互动情况和项目信息，代表开行为项目主体开具项目建议书，针对项目尚存的问题向其提出操作性建议，以促使其尽快达标。一般来说，对于处在开发库中的项目，半年内必须达到评审条件。待负责处室及客户经理判断其达标后，会撰写信贷评审报告，对“平台如何建”“项目如何包装”“项目进度时间表”“资产规模”等开行关心的核心条件进行更为详细的分析和厘定，而后将其提交分行与总行的贷委会审议。经贷委会审批通过后的项目，可进入合同签订阶段，并退出开发库。

三、福利锁定环节（二）：签约管理

（一）合同管理的边界与内涵

如图 5-2 所示，合同管理的边界是“承诺后，终止前”。在合同签订管理权限划分方面，总行负责规模大、风险高的项目，分行负责中小及低风险项目。合同管理制度由总行制定，但会随着外部监管条件变化而进行动态调整。合同管理包括签约管理和执行管理，本节主要分析签约管理。

（二）签约方式选择

在创新签订方式前，开行采用的是单一借款合同，但在实践运行当中遇到了一些问题。第一，包括保障房在内的一些项目单体规模过大，

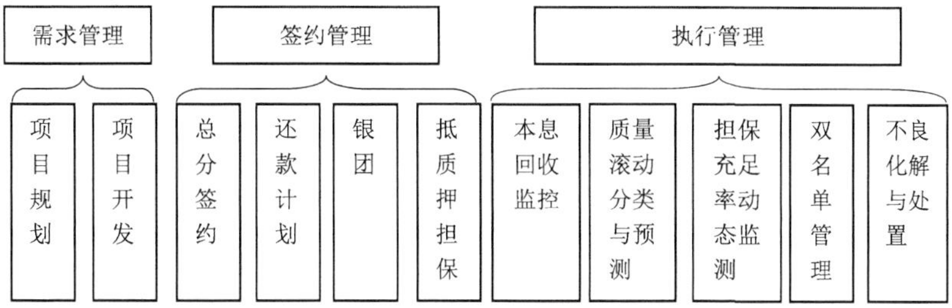

图 5-2　信贷管理的三阶段划分

信用结构复杂，涉及审批环节多。客户一方面希望尽快开工建设，另一方面又无法在短期中把整个项目所需的贷款条件都予以落实。这样一来，原有模式下不仅承诺向合同的转化率低，还不利于客户融资的需求匹配，增加客户的财务成本。第二，这些大项目具有多个子项目整合的特点，各个小项目的具体进度并不相同。以某区域的土地开发为例，某些小地块的四项审批（包括可行性计划书、土地证、规划图以及环评报告）可能率先完成。如果针对这些符合条件的子项目能率先签约和拨款，则无疑能撬动整体项目的进展。第三，即使按照原有模式一次性签约，但由于资金并不全部使用，这会占用资本金，从而降低资金的使用效率。

开行根据项目特点和需求进行了不同安排，可实行合同分签制，具体包括如下几种签订方式：第一，“总+分”合同。“总+分”合同是指仍然签订总合同，但总合同只做框架性规定，通过总合同锁定客户、锁定金额。第二，“分+分”合同。“分+分”合同则根据分合同的类型差异包括两种，一种是以年度为中心依照时间顺序的子合同序列，另一种是以用途为核心的横截面子合同组合。

就治理机制的实现形式而言，标准化合同对应的是标准化交易。尽管中长期贷款管理具有很多共性，但不同领域、地区，甚至不同的交易对象，都使得每次中长期贷款交易具有不同的特性。在这一背景下，取消一次性总合同的标准化模式，创新应用总分合同，更加符合开行面对项目总规模大、子项目多且相互独立的交易属性，突出体现了对不同交易匹配最优治理机制的做法。这无疑极大地提高了开行对中长期贷款管理的自我调适能力。

（三）还款管理

还款管理包括还款计划管理与还款来源管理两项内容。还款计划管理服务于开行促进社会经济发展的宗旨，但在内容设计上主要着眼于两个方面。一是服务客户方面，还款计划管理应尽量符合贷款对象的属性与行业特征，根据客户特征最大限度促进客户发展。二是对开行资金的整体运用来说，则要服务于开行资金使用效率的提高，努力实现自身贷款回收与发放之间的平衡。就前者来说，考虑行业周期因素，对防范风险和控制不良贷款具有特殊意义，比如船舶行业的周期是5～8年，也就是说，高峰过后的第五年就可能开始进入低谷期，如果在此时设置的还款资金量很大，虽然短期内维护了开行权益，但对贷款对象的长远发展会很不利，并会最终导致开行信贷风险的加大。所以，还款计划应根据项目未来现金流的情况进行设置。开行的本金回收时点原来多采用半年期，即每半年的最后一天集中还款。但这样的方式很快就暴露出了问题，就是本金回收与贷款再发放两个序列之间失衡。

还款来源管理是指合同设计当中明确还款来源，可以从事前角度降低风险。具体来说，分行注重区分项目及借款人的自有资金和信用结构安排补充资金，分析贷款项目的实际还款来源，并跟踪资金落实情况，最大程度避免借款人因不能正常融资而采用高利贷等高风险手段。上述内容体现的就是开行还款管理的全过程和精细化，将所有涉及还款的主要环节无遗漏地纳入进来，并明确信贷管理中清单式的规定动作和相应预案，使得信贷管理变得更加“可操作、无缝隙”，这无疑会提高管理成效。

动态还款机制条款是指双方在合同中约定，如果项目实际收益超过了预期，就启动该机制，要求借款人提前还款。这有利于开行及早回收信贷资金，将回收资金用于满足更为急迫的需求。

（四）银团贷款管理

银团贷款管理工作主要侧重前期筹组阶段，对开行来说，引入银团模式的意义主要是撬动更大规模的社会资金，以缓解中长期信贷领域供小于求的矛盾，扩大社会融资总量。在 2004 年推出该项业务后，开行的银团贷款发展开始加速，目前开行在全国银团贷款总额中的份额约为 30%，位列全国第一。2004 年年末，表内银团贷款资产 1.6 万亿元人民币，表外银团资产 1.5 万亿元人民币。并且，在开行参与的银团贷款项目中，多数都是以开行作为牵头行。

与其他商业银行不同，开行在银团管理中坚持表内外统一管理。主要表现在两个方面。一是在数据库结构上，表内资产与表外资产在系统设置是一致的，具有相同的数据结构。二是在贷后实施统一管理，统一管理银团表内外资产。开行坚持统一管理，重视履行委托管理责任，对受托管理的表外银团资产一旦发现问题，都在第一时间告知其他参与行。开行与商业银行在贷款投向、期限和利率方面差异显著，为了最大限度带动社会资金进入，扩大中长期社会融资总量，除了国际上通行的标准银团模式外，开行在国内率先推出了分组银团以及附带转让安排的分组银团模式。附带转让安排指的是开行在一级市场作为唯一贷款人与客户签订银团合同，在二级市场把贷款承诺额转让给其他银行的银团模式。由于受让方不参与合同谈判，上述安排能够提高谈判效率，降低谈判成本，满足客户用款的迫切要求，同时也丰富了开行余额调控的技术手段。

（五）担保管理

担保管理包括保证担保和抵质押担保两种类型。开行担保管理的特色同样来源于其贷款业务的“中长期”特征。第一，较长期限下保证人和抵质押品的担保能力更有可能发生不利的波动，为此客观上需要以一定频率动态监测保证人和抵质押品价值的变动。第二，不同项目间信贷资产质量的差异会带来对应担保措施重要性的差别。第三，保证人和抵质押品的类型差别会使其保证能力不尽相同。而管理资源的分配应该重点聚焦于那些高风险项目和担保。因而，需要根据相应条件实行差别化管理，以提升管理成效。

四、福利锁定环节（三）：执行管理

执行管理的目的是最大限度控制合同执行过程中出现的不利偏差。在这当中，有效提升开行工作人员的执行能力和执行效果是执行管理工作的核心内容。如果说签约管理确定的是信贷管理的“潜在效率”，执行管理则在于最大程度地将“潜在效率”转化为“现实效率”。

提高转化程度需要着眼于两方面的工作。一是要明确信贷管理的工作重点，这既构成签约管理的主要内容，也能够为开行员工履职要求的设定提供清晰的指引，让有效的管理资源用在“刀刃”上。二是提高员工的工作努力程度，最大程度调动员工的潜力。这主要体现为开行内部考核与尽职评价体系的精细化和全过程管理。以上两方面相辅相成，后者是前者有效实施的保障，而工作重点的确认，又有助于以此为中心建设针对员工的考核与激励体系。

（一）以关键任务和主要事项为核心的风险管理设计

要提高员工的工作成效，一是要控制操作风险，二是要提高工作积极性。前者要求将员工的行为明晰化、清单化，尽量压缩员工发生道德风险问题的空间范围；后者则是激励员工在目标选择上尽量与机构目标一致，控制好剩余的道德风险空间可能带来的不利影响。而在银行风险管理实践中，合规管理同样强调与操作风险相关的制度设计与员工行为管控，因而在压缩道德风险空间的含义上与这里所说的执行管理具有相关性。但由于合规管理主要着眼于“监管”内涵而较少考虑主观能动性的发挥，因而其覆盖范围小于执行管理。

图 5-3 描述了信贷管理中的部分关键任务与核心事项。本息回收是其中的核心目标或结果型关键任务，此外还包括资产质量分类与滚动预测、双名单管理等核心任务，针对每一具体核心任务，开行又设计了相应的任务执行清单，形成了一套精细而严密的风险管理流程。

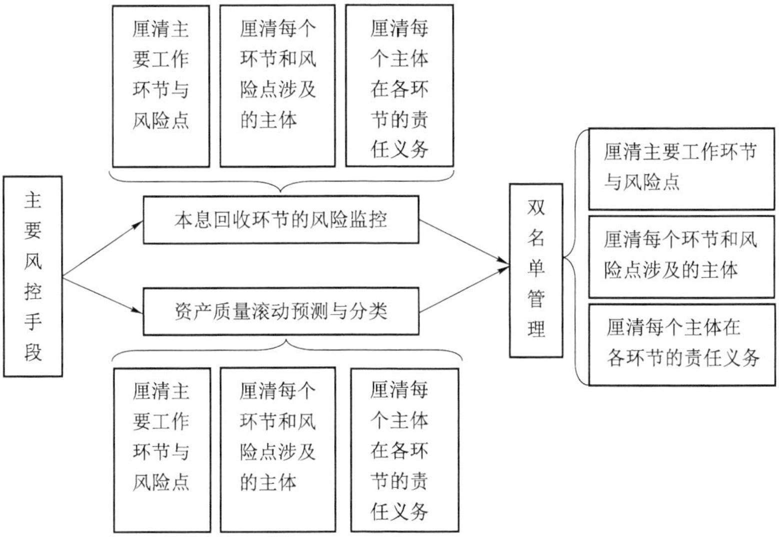

图 5-3　信贷管理中的部分关键任务与核心事项

（二）开行考核激励体系中的复核型特征

机构的目标定位与禀赋是影响一个组织经营管理状况的重要条件。虽然任何金融机构通过其资金融通功能，都会发挥促进社会发展的作用，但在微观金融组织层面，盈利最大化是商业性机构的首要目标。与此不同，开发性及政策性金融机构则将“服务国家战略”作为第一要务。这样不同的目标设定，对金融组织的经营管理会有差别化的影响。

开行制度创新能力与执行力的显性激励涉及三个方面，第一个是考核制度建设，第二个是开行内部层级较少的现实条件，第三个是高层领导权威性及其带来的考核可置信性。

无论是在开行组织撰写的各类书籍和报告中，还是在与开行各级人员的接触中，“服务国家发展战略”都被置于工作理念最为优先的位置上。这也反映出，在开行员工的效用函数中，社会认可度占据了较高的比重，并极有可能在一定程度上替代单一薪酬激励的效用。正是以此为基础，开行员工在工作中才始终能够因势利导、不断推动“发现问题而后解决问题”的制度创新循环。

（三）社会责任驱动开行管理创新的路径

在中国，任何因应政府融资需求的金融创新，都要基于如下两个条件约束：一是政府经济发展战略，二是居民对强制性资金筹措渠道的忍耐程度。就前者来说，从新中国成立以来的总体情况看，中国始终保持了赶超型战略，并催生了巨额资金需求；但后者却不断下滑。这就使得政府对于融资渠道的选择，必然面临这样的趋势：从那些需要居民高忍受程度的途径，过渡到只需较低忍受程度的渠道。真实的历史过程也遵循了这样的逻辑，政府融资渠道从计划时期的强制抽取方式，首先过渡到二十世纪八九十年代信贷财政化的隐性债务模式，并逐步演变为二十一世纪初以来作为资产售卖模式的土地融资。

开行作为一家侧重基础设施与民生工程的开发性金融机构，一直具备与地方政府联系紧密的禀赋优势。此优势与土地融资出现的历史趋势相结合，为开行土地融资创新提供了可能性。银行家的敏锐意识和战略能力，则将上述可能性转化为实践，从而使得城市开发平台的金融创新率先发端于国家开发银行。而在组织内部的贯彻实施层面，开行主要使用了两大手段，一是大力倡导不惟利润为中心的“服务国家战略”意识，二是以业绩结果为导向倒逼制度建设。在精神激励与尽职考核的双重作用下，开行各部门及员工的创新意识得到了有效开发。

作业与练习

1. 你认为开发性信贷业务是否蕴含了社会福利增加？并进行解释和说明。

2. 你认为开发性信贷管理流程所涵盖的环节与通常的商业信贷流程有何区别？这种差别有什么样的经济学含义？

3. 你认为“执行管理”对应了什么样的经济学原理？谈谈你的理由。

4. 请你按照潜在社会福利增加的发现与锁定的逻辑和过程，讲述一下你对开发性信贷管理创新的理解。

第六讲 P2P网络借贷“本土化”创新案例分析

摘要：与传统的资本市场融资模式相比，P2P网络借贷以门槛更低的大范围直接匹配为基本原理，蕴含了社会福利增加。但将其作为模仿型金融创新引入中国的过程中，还面临着如何通过适应现实条件的“本土化”创新将潜在福利予以锁定的问题。无论是“借贷宝”企业版还是P2P的“三方担保型”特征，都是这方面的尝试。

关键词：P2P网络借贷、“本土化”创新、“借贷宝”企业版、“三方担保型”P2P

一、P2P平台本土化创新概述

（一）创新与核心竞争力的判断标准

能够带来成本节约或风险降低的制度或运营模式，才是真正的创新和有效竞争力。比行业平均水平节约的成本部分，则是企业核心竞争力带来的绩效。网络借贷管理链条包括多个环节，不同企业由于禀赋、管理对象差异等因素，创新点和创新程度往往存在差别。比如，同样是P2P，有的在获客环节具有优势，有些则擅长借款人风险识别或贷后风控。但不管哪种类型，其所涵盖基本管理环节的结构还是接近的，差异主要体现在对不同环节赋予的权重不同。平台综合性的竞争力，则来源于以上诸环节创新的加总。

从静态角度看，社会需求由于空间差异故而呈现出多样性的特征，而随着经济社会发展，涵盖多样化需求的市场空间也是动态变化的。作为业务创新的起点，金融机构必须选择好自己的服务对象。无论是以前就存在的但由于种种原因未得到充分满足的细分需求，还是因时序变化而刚刚出现的需求，只要已有业务机制的绩效明显低于理论潜力，就存在着潜在福利提高空间。对模仿型金融创新 P2P 来说，中国的交易环境与交易者具有与其他国家不尽相同的特征，故而需要一些“本地化”的措施。以信贷机制设计中的第一、第二还款来源之分为例。第一还款来源往往是项目自身的现金流，第二还款来源往往是抵质押担保措施。其中，第二还款来源对于第一还款来源的替代性取决于金融机构将担保品或担保承诺变现的能力。如果第二还款来源变现成本极低，则其对第一还款来源的替代性就强。以上两类还款来源相互补充和相互替代的情况，在一定程度上决定着金融创新的潜在空间。但现实当中，不同类型的金融机构会因各种原因呈现出差异性的竞争优势。比如，对正规金融机构尤其是大银行来说，它面临着两个实际情况：一是由于其机构和业务分布面广，为了控制整体风险，银行一定会强调在非人格化交易手段的范围内控制风险并由此决定业务范围；二是法人与基层业务实际业务员距离远，法人无法灵活观察和应对，不能充分授权，大银行基层员工相对缺乏利用本地人格化禀赋促进交易、扩展业务的激励。实践情况与上述理论判断相对应，大银行的金融业务授信往往选择“非人格化交易条件”，比如，企业经营的历史现金流要好、抵质押合格担保品的选择要满足司法追讨成本低的要求等。这样一来，大银行往往会“遗漏”掉那些只能提供人格化交易手段的融资业务，比如基于小产权房抵质押的相关融资申请。这不可避免地会压缩大银行的业务类型空间。

与大银行相比，在一些情况下，部分民营金融机构由于具有一定的“内置金融”特征，因而有可能通过建立“社区”层级的内部交易市场，使得某些资源具备了变现途径并由此具有了可抵押性。这些业务就是那些利率高于大银行利率业务的“潜在空间”，也构成包括区域性 P2P 在内的民间金融机构的发展空间。

（二）金融创新“中国化”的含义与评价标准

根据格雷夫（2008）的定义，制度是规则、信念、规范和组织共同作用导致行为秩序产生的一个系统。与合约理论相对照，该定义中的规则界定了规范性行为，提供了共有认知系统和信息集合，发挥了协调作用，而信念和规范提供了遵守规则的激励，组织则影响可行的行为信念集。从以上讨论中不难看出，制度与合约两范畴间存在紧密的关联，实践中的金融模式或金融业务既是合约也是制度，金融创新不仅是合约创新，同时也对应了金融制度变迁。在制度供给与需求保持均衡时，制度能够有效运行，两者间失衡时则会产生变迁动力，其中“好”的制度变迁可谓之创新。

制度变迁的具体成因，主要包括内生作用过程、外生冲击及两者的共同作用这样三种方式。在本书关注的模仿型金融创新领域，引入某种国外率先实现的金融创新，可以看做是中国原有金融模式受到的“外生冲击”。但在这个过程中，基于中国原有制度的内生作用机制仍然在发挥着作用，作为“舶来品”的金融创新仅仅是提供了名义规则，若要作为制度“系统”来发挥作用，还要取决于名义规则与同样作为制度要素的信念、规范及组织的协调配合情况。如果几者之间能够有效互动，就能塑造出一个具有进步意义的制度系统出来，有效释放这项创新所蕴含的福利增加，否则就有可能引导出一个较差的制度结果。以中国的两融业务（融资融券交易）为例，虽然相关部门颁布的规则界定了两融业务应如何开展，但现实中，“两融制度”在中国所依托的组织及投资者信念，却与一些发达国家有着显著不同。具体地说，因为一些历史原因，中国监管机构可能无法有效杜绝不规范的场外高杠杆配资行为，相关机构和投资者也因此而形成了实施高杠杆配资不会受到惩罚的信念。以上制度要素共同作用就导致了这样的行为秩序，即两融业务虽然有规范的名义规则，但投资者和其他相关主体却知道监管部门监管能力存在不足并由此缺少遵守名义规则的激励。现实情况也印证了上述判断，场内与场外配资大量存在，股市上涨与下跌动能都被极度放大，最终形成了股市波动幅度急剧增加的局面。这个案例说明，在中国，除名义规则以外的其他制度要素与发达国家有着很大不同，从国外直接照搬来的合约结构，难以实现预想的效果。盲目照搬或“本土化”不够彻底的制度结果经常表现为“各种违法违规行为依然大量存在，一个在其他国家运行良好的制度或创新，在中国却可能宛如一颗随时都有可能引爆的炸弹”（王剑锋，2016）。因此，在模仿型金融创新的本土化过程中，为求实效，必须结合有关制度要素的现实国情对合约结构或管理模式做因地制宜的调整。

从以上分析看，深刻认识中国金融市场中的信念、规范及组织等制度要素，在中国语境下重新构建金融创新合约，是推动模仿型金融创新“中国化”的核心议题。在这个过程中，对于中国金融市场的如下两个特征事实必须予以关注：第一，长期以来，社会征信基础设施不足导致中国金融市场上的非人格化交易面临较高的交易成本。第二，与中国广泛存在的金融乱象相比，现有中央集权型监管体系的金融监管能力相对不足。这两个因素使投资者产生了对非人格化信用交易信心不足的先验信念。一个“好”的金融合约创新必须要紧密契合上述特征事实。综合以上分析，本书认为，一项成功的模仿型金融创新必须满足如下标准：第一，在战略方向层面，这项创新应该蕴含了社会福利增加；第二，在落实层面，必须高度重视中外金融市场在关键制度要素上的差异，充分考虑本国监管能力及在此基础上投资者先验信念的不同。在模仿型金融创新本土化的制度设计中，应重视采用与本国国情相适应的治理思路与治理方法，对于博弈均衡意义上的制度创新要努力实现能够带来社会福利增加的纳什均衡改进。

（三）P2P 平台本土化创新需要解决的问题

具有本土化特征的 P2P 平台，若要实施成功的金融创新，必须解决好以下问题：第一，找到投资者和融资者。如果没人投资，平台自然无法盈利，同样如果没人借钱，平台也无法生存。第二，对于刚刚建立又缺乏历史声誉支撑的平台，如何缓解投资者的“安全顾虑”，使其愿意投资于P2P渠道。第三，如何甄别出“合格”的借款企业，并控制贷后风险。第四，在实现上述目标过程中平台能否控制成本的过快增加。图6-1为P2P平台运行链条与环节的通用示意图。总体上，只要该机构在整个链条所谓加权的管理业绩方面达到或超过平均水平，该机构就能够实现正常经营与发展。

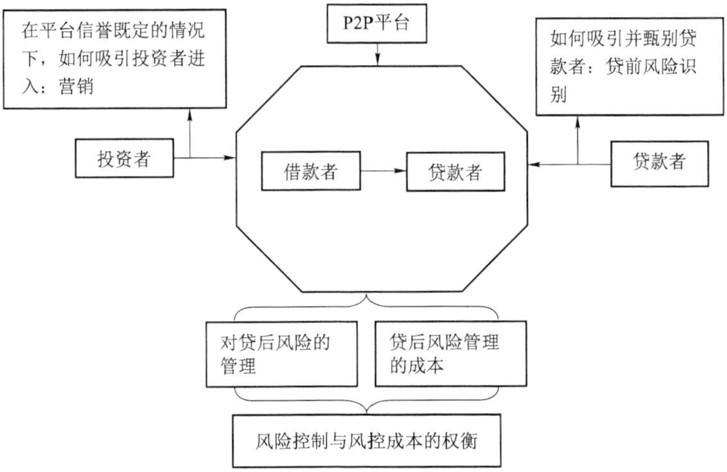

图6-1 P2P平台运行链条与环节示意图

二、P2P本土化创新案例（一）：“借贷宝”企业版

（一）“借贷宝”企业版简介[①]

“借贷宝”企业版是针对企业内部借款的软件，由人人行科技股份有限公司推出。该软件让企业可以向员工发起内部融资，并且为员工提供较高的风控标准，让员工在出借资金的时候本金安全得到保证。“借贷宝”从诞生之日起就以践行普惠金融为宗旨，为用户提供便捷、专业、安全的投融资平台。2015年8月推出的“借贷宝”应用程序（APP）提供了个人金融需求的解决方案，2016年3月推出的“借贷

① http://www.pc6.com/edu/92801.html。

宝”企业版则提供中小企业金融需求的解决方案。“借贷宝”企业版的主要功能为企业人力资源管理、企业融资等。首先，企业需要在借贷宝企业账户充值足够的金额，然后，下载发放工资 excel 模板，填写对应的员工借贷宝账号、身份证号、发放工资金额等信息之后，再上传该表格，点击“发放工资”即可完成发放。企业可以通过“借贷宝”企业版发起借款，借款对象可以是全部或者部分由企业通过“借贷宝”企业版发过工资的员工，同时需要指定前述员工列表中的一人为保证人，保证人同意保证后，借款对象即可在“借贷宝”APP 借款列表中看到该企业的借款，员工通过对企业偿债能力，以及保证人个人信用的判断，决定是否出借。

（二）“借贷宝”企业版融资功能示意图

“借贷宝”企业版将员工与企业的信任关系通过移动互联网显现化，降低信用审核成本（高效且成本几乎为零），将社会资本（员工、亲朋和金融机构资金）以最短路径流向企业，同时通过声誉机制对企业进行还款约束。上述资金融通过程（见图 6-2 和图 6-3），也有助于加深企业与员工间的关系。

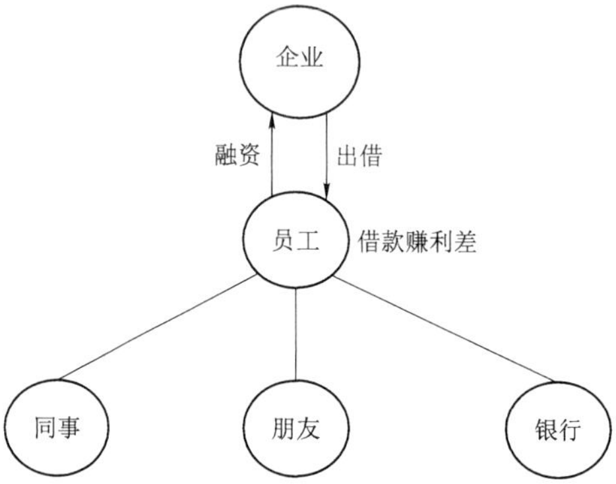

图 6-2 “借贷宝”企业版的运行模式①

① 赚利差模式目前虽然受到了监管限制，但作为一种理论可能性仍具有意义。只不过，如何通过相应安排规避风险，将潜在福利锁定，还需要在实践层面做更多的探索。

在产品设计上，“借贷宝”企业版仅为企业和员工之间提供借贷撮合的机会，平台不抽取任何费用，也不承担任何风险担保，员工凭借自己对公司运营状况的判断，进行“自风控”。企业版发起的每一笔融资，都需要企业主连带担保，这些债务并不会随着企业的倒闭而消失，一旦发生逾期，“借贷宝”的催收部门会作为合同中的丙方向企业主进行催收。单向匿名的设计，让员工可以自愿地参与投资，如果对公司发展状况有疑虑，员工大可不必参与。①

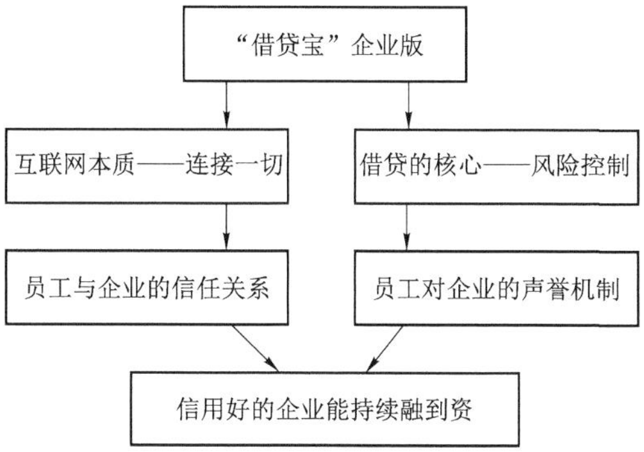

图 6-3 “借贷宝”企业版的本质

（三）“借贷宝”企业版使用流程②

依法成立且有效存续的企业法人或其他组织均可注册并使用“借贷宝”企业版，企业必须已开立对公户。同时上述组织需上传相关资质证书，普通营业执照需要上传对应五证：营业执照照片、税务登记证照片、组织机构代码证照片、银行开户许可证照片、法定代表人身份证照片。统一社会信用代码需要上传对应三证：营业执照照片、银行开户许可证照片、法定代表人身份证照片。

使用流程为“注册—充值—发工资—融资—提现”。首先，企业需要在“借贷宝”企业账户充值足够的金额，而后发放工资。若能上传

① http://www.sohu.com/a/69806186_119143。

② http://blog.sina.com.cn/s/blog_162f30a210102woe7.html。

公司员工花名册并绑定员工与公司的雇佣关系，还可以获得融资额度的提升（5 万×与企业成为好友的员工数，上限是 200 万元人民币）。企业使用“借贷宝”企业版给员工借贷宝账号发工资后，可以再获得 8 万×成功发放工资员工数的融资额度，但以 10 亿元人民币为上限。

（四）“借贷宝”企业版的风控机制

1. 担保人制度

在企业融资的到期日和宽限期，只从企业账户余额中进行还款，逾期第一天起每次自动扣除，先从企业账户中扣除，如果余额不足，再从保证人账户中扣除。[①] 上述保证人选在企业“社区”内部，如果恶意提供不真实的担保信息，在其他条件不变的情况下，与外部主体相比，更容易受到声誉机制的惩罚。故而，其担保信息具有较高的可信度。

2. 融资限额制度[②]

本书对“借贷宝”企业版融资限额方面的内容进行了整理，列示于表 6-1 中。

表 6-1　　融资限额制度

融资限制	制度内容	目　　的
融资限额	员工数×10 000，同时最高不超过 10 亿元人民币	每位员工单笔项目损失额度最高为 1 万元（注：“借贷宝”业务人员解释，随着工资发放次数的增加和更多的履约记录，这个额度还有提升的空间）
融资年利率	利率灵活，不超过 24%	企业主可以降低融资成本，员工可以获得高于普通理财的收益 （注：小微企业获得的贷款利率大多在 13%～15%。而当小微企业面临资金周转问题时，求助社会资金，成本往往高达年化利率 36%）

① http://www.veryhuo.com/a/view/134108.html。

② http://blog.sina.com.cn/s/blog_162f30a210102woe7.html。徐翠燕等（王剑锋：《金融创新案例作业集》，2016）将相关资料表格化，本书借鉴了他们的汇总结果。

续表

融资限制	制度内容	目　　的
融资期限	不超过 5 年	降低长期贷款带来的风险
融资发布期	不超过 10 天且不超过剩余到期天数	大大提高了企业的融资效率
融资用途	必须为生产经营	限制企业投资方向，避免企业主挪用资金

3. 平台催收制度①

表 6-2 总结了“借贷宝”企业版在逾期催收方面的主要环节和内容。

表 6-2　　平台催收制度

逾期时间	催收政策
宽限期 1 天	总部呼叫中心开始进行多轮电话催收，到期未还款，平台将限制企业账户进行提现等操作
逾期第 1 天	开始计收罚息和逾期管理费（以 24% 年化利率计收罚息，基础逾期管理费按照截至当日未偿还本金、利息与罚息之和×0.1%/天）
逾期第 8 天	企业和担保人违约记录将上传至本平台，并在其详细资料页展示
逾期第 16 天	开始进行高压电话催收，平台将向企业部分员工和担保人部分好友推送其违约记录，对企业一次性计收特别逾期管理费（截至当日未偿还融资本金、利息、罚息与基础逾期管理费之和×20%）
逾期第 38 天	向企业的更多员工和担保人更多好友推送融资人违约记录，更多熟人将知晓其融资违约
逾期第 46 天	催收管理中心除继续高压电话催收外，将根据案件情况，进入委外催收或人人催外访流程
逾期第 70 天	继续扩大向企业员工和担保人更多好友推送其违约记录的范围
逾期第 76 天	1. 平台将企业及其担保人的违约记录上传至合作征信机构 2. 特别逾期管理费的金额调整为：截至当日未偿还本金、利息、罚息与基础逾期管理费之和×30% 3. 出借人发起诉讼完成债权转让后，平台将对企业和担保人提起民事诉讼

① http://blog.sina.com.cn/s/blog_162f30a210102woe7.html。徐翠燕等（王剑锋：《金融创新案例作业集》，2016）将相关资料表格化，本书借鉴了他们的汇总结果。

续表

逾期时间	催收政策
诉讼执行后	1. 对拒不履行法院生效判决的，平台将企业的违约记录推送其全体员工和担保人全部好友 2. 担保人将被录入全国法院失信被执行人名单 3. 进入失信被执行人名单的违约信息会同时纳入中国人民银行征信系统，该违约融资人将被禁止出国、向银行办理贷款、使用信用卡，将被禁止购买飞机票、高铁票、部分动车票和火车卧铺票，将被禁止担任任何企业的法定代表人、董事、高级管理人员等

注：以上催收措施及其执行时间特殊情况下会有所调整。

（五）总结与前瞻

通过以上分析，本书认为与传统的单位内部集资相比，“借贷宝”企业版由于采取单向匿名的借款方式，即企业发起借款后不能得知具体是哪位员工向其提供了借款，企业与员工间的融资合约变得更规范，且实现了向非强制性的转化。与外部借款相比，又具有信息对称优势，从而可以适当降低因信息不对称所必须给予的风险补偿成本。虽然该产品还存在着一些不足，但通过审慎经营和进一步创新，“借贷宝”企业版完全可能成为企业融资模式的有益补充形式。

总之，“借贷宝”企业版的潜在福利提升主要表现在以下环节：第一，在新模式下，员工了解企业信誉情况。对好企业而言，既有关系作为已有禀赋可降低信息成本，从而创造额外价值。第二，在企业和员工之间的借贷合同中，“借贷宝”企业版作为合同丙方，在出现逾期、违约等情况时介入，利用其立体追债系统提供催收等服务，具有专业化和规模化优势。第三，与员工持股计划相比，形成一个动态的“员工持股”机制，每个融资周期进行一次“选举”，企业投资人也可据此对管理层进行评价，这有助于改善公司治理。在融资的功能定位方面，“借贷宝”企业版比较适合于解决软信息较多、硬信息较少类型企业的中小规模融资需求。

三、P2P 本土化创新案例（二）：三方担保功能

（一）基本背景

作为新兴融资形式的 P2P，自进入到中国以来，经过几年的高速发展现已颇具规模，但与此同时，尤其是 2015 年以来，部分 P2P 平台因各种违法违规行为倒闭或“跑路”的报道持续曝光。根据网贷之家提供的数据，截至 2016 年 7 月，中国累计停业及问题平台数量已高达 1 879 家，在 4 160 家的累计平台数量中占比高达 45. 17%。[①] 受此影响，负面舆论开始在 P2P 问题上大量聚集。[②] 但在本书看来，现阶段中国 P2P 行业存在的问题固然很多，但其中的绝大多数，比如拆期、自融甚至“涉黑”等明显违法违规问题，在应该坚决取缔的政策取向上并无太大争议。相比之下，特别需要关注的一个议题，是应该如何认识中国绝大多数平台都为投资者提供担保的现象。一方面，这不同于美国式的纯粹信息中介型，另一方面，这些处于“模糊地带”的 P2P 模式，又看似有些合理性，从而较难判定其性质。为了明确研究目标，我们将其命名为“中国式 P2P”并做如下界定：第一，中国式 P2P 是个人之间的消费或经营性小额贷款。第二，采用第三方托管模式，不考虑涉及欺诈及资金池等明显违法违规的 P2P 模式。第三，中国式 P2P 所提供的担保机制，是一个覆盖借款人、投资者、平台以及“第三方”在内的治理结构。这个由平台牵头的治理机制向投资者提供“信息中介+担保”，而不仅仅是单一信息中介服务。需要特别说明的是，这里所说的“担保”，并非由平台自身直接提供，而是特指由平台主导设计的“担保机制”。

根据 2016 年 8 月有关部门起草拟定的《网络借贷信息中介机构业

① 数据来源于网贷之家 http://shuju. wdzj. com/industry-list. html。

② P2P 网贷乱象，不是“被调查”就是“在跑路”，http://business. sohu. com/20160229/n438817459. shtml。

务活动管理暂行办法》（以下简称《暂行办法》），监管部门将P2P平台机构明确为专门从事网络借贷信息中介业务的金融信息中介公司，不得提供增信服务，不得直接或变相向出借人提供担保或者承诺保本保息。但在如何理解“直接”和“变相”的含义上还存在争议。2016年10月13日，银监会有关负责人就《P2P网络借贷风险专项整治工作实施方案》答记者问中，将“自融自保”列入负面行为清单，虽然隐喻地承认了第三方担保的合法性，但仍然没有回答其经济性质认定的问题。2017年2月22日银监会发布的《网络借贷资金存管业务指引》，在有关P2P融资的业务描述中又继续将担保人包括在内。

根据以上分析，《暂行办法》虽然始终强调网络借贷平台的信息中介性质，但实际上仍有含混之处，主要表现在如何理解“增信”的问题上。增信就是增加相互的信任，只要借贷双方通过机制创新构建出了更好的交易模式并促进了信贷交易，同时还能增加社会福利，就应当是好的。而如果这种新型的信用模式，是由平台牵头设计和执行的，但平台仅仅是新型借贷关系的撮合者，在法律上并不承担担保责任，那么，这是属于《暂行办法》明令禁止的“增信”行为还是应该鼓励的“本土化”创新呢？[①] 换句话说，究竟如何认识和理解中美P2P在担保机制方面的反差，以本息担保为特征的中国式P2P，是结合中国国情的本土化创新，还是已经跨越监管红线的违规行为？对监管部门来说，必须尽快厘清中国式P2P担保机制的经济性质，唯有如此，才能制定出金融风险防范与积极作用发挥相统一的监管政策。但从已有成果看，有关中国P2P问题的研究主要局限在以下三个方面：一是对P2P业务的一般性介绍，二是实证层面的分析，三是少部分理论研究。在以上分析中，第一类主要侧重概况性知识的介绍和普及，第二类仅仅是利用P2P数据可得性所做的实证研究，第三类主要分析了通用型P2P的潜在福利空间，却并未触及中国式P2P创新性质的判断。本书尝试将该问题置于制度经济学与合约理论的分析视野之下，同时运用第二节金融创新

① 截至2017年8月，虽然监管部门陆续出台了一些新的法规，但这一问题始终未得到解决。

“中国化”的视角与评价标准就中国式 P2P 的经济性质问题进行讨论。

（二）中国式 P2P 担保机制的主要类型与创新含义

在对中国式 P2P 担保机制的理解上，需要特别注意平台作为机制设计者与撮合者的核心特征。就是说，平台作为居间方，虽然往往与包括担保公司在内的第三方结成战略合作关系，但从合同签订角度看，只是平台介绍了这样一家发挥担保作用的机构，并居间设计了投资者与这家机构间的担保合同。借款人享有的增信服务由担保公司提供，平台并不以自身资产担负担保责任。这种关系相当于在两个陌生人之间的借贷中，有两个不同类型的“中间人”，一个是平台，另一个则是担保方。前者负责撮合，后者负责担保投资者与借款人间的信贷关系。而从实践情况看，中国式 P2P 的担保机制主要包括如下两种手段：一是设立用于弥补投资者损失的风险备用金，二是第三方机构对投资者本息提供的保证担保，在损失发生时对逾期本息予以偿付。风险备用金制度就是在发放贷款时参照信用等级向借款人收取一定费用并集中保管，作为未来用于本息赔付的风险准备。[①] 在风险备用金计划的实际运行当中，P2P 平台并未直接向投资者提供担保，而是帮助借款人、投资者与第三方之间建立包含“备用金担保”这样的担保结构，需要时则按照担保机制的设计意图辅助执行。从这个意义上讲，风险备用金应该是归借款人与投资者共有，平台虽然是直接管理者，但不应该独享所有权。第三方保证担保的方式还包括几个明细的类型，第一种是第三方机构与平台具有业务合作关系，这往往是拥有线下网点专司信用调查和信用管理业务的机构。具体的合作模式是，征信调查公司接受贷款申请，作出甄别后推荐给平台，并对其推荐的借款人向投资者提供不良债权的收购承诺。第二种则是第三方通过收取担保费或者保险费的形式来提供担保，这需要第三方对于 P2P 平台的经营能力有足够的了解。

当然，在实践当中，风险备用金计划与第三方担保承诺这两种方

① P2P 平台应对自有资金和风险准备金进行隔离，将风险准备金交由银行等第三方进行托管。

式，既可单独采用其中一个，也可同时使用从而形成所谓的“双重保障计划”。从有关机构公开披露的资料看，拍拍贷、红岭创投和宜人贷仅采用了风险备用金计划。陆金所则仅提供了第三方担保计划，具体由同为平安集团旗下的担保公司——平安融资担保（天津）有限公司提供全额担保。麻袋理财、有利网、积木盒子、点融网和人人贷则提供了双重保障，对其投资者来说，一旦借款项目出现逾期，合作机构根据约定向投资人支付逾期借款本金和利息并受让对应逾期债权，从而形成第一重保障，除此之外，平台的风险备用金账户还会为投资人提供第二重保障。当然，不同平台在保障范围、保障力度以及保障方式上存在一些差别。

为了判断中国式 P2P 的创新程度，作者按照第一部分提出的评价标准对其进行对照分析。首先，中国式 P2P 作为互联网技术向金融领域渗透而形成的新业态，丰富和扩大了相关参与人的合约空间，因而蕴含了社会福利增加。其次，P2P 在中国发展过程中所能依托的社会基础设施，与美国式 P2P 存在巨大差异。在中国，相对完善的征信体系还没有建立，征信体系对于贷前环节筛选借款人的支持作用还不够大，违约信息也不能及时记入征信体系中，还不能对恶意违约借款人在“声誉方面”进行有效的制约。另外，中国的司法效率也有待提高，在处理相关纠纷过程中，不仅判决和执行面临着较高成本，即使在立案环节也存在不少障碍。[①] 这一方面给试图直接维权的投资者带来了较高的成本，另一方面也容易让欺骗者感觉其违约行为受到的惩戒会比较小。这就说明，中国社会征信基础设施作为“组织”这一制度要素的具体形态，会带给投资者“非人格化信贷交易不可信”的信念。如果仅靠其支持，中国 P2P 会因无法吸引到足够多的投资者而走向失败。

上述分析意味着，在中国，如果没有某种额外的支持手段，P2P 所涵盖的借贷双方的纳什均衡将会是不合作。简单照搬美国业务模式，P2P 在中国很难获得市场空间，更不可能取得成功。要有效实现金融创

---

① 尹岳．律师吴良述拒绝法院道歉 要求追究涉事法警刑责［OL］．2016-06-11，财经网，http://www.mycaijing.com/wxshare/272466.html? from=groupmessage&isappinstalled=1.

新的“中国化”，就必须结合中国既定的制度要素塑造出新的信用结构，用以支撑交易双方的合作策略纳什均衡。在实践中这种新的信用结构就是具有“担保”功能的中国式 P2P。从现实情况看，P2P 平台结构的“担保”功能弥补了当前征信基础设施无法支撑个人间非人格化信贷交易的不足，同时也比较符合中国投资者在银行主导型金融体系下形成的“本息担保”型先验投资信念，并节约投资者的维权成本。具体地说，平台既是担保结构的设计者又是担保关系执行的监督者与辅助执行者。与一般的市场担保所涉及的两方如有纠纷直接诉诸法庭不同，中国式 P2P 平台事实上构建了一个“担保社区”，面对其中的担保方与被担保方，平台充当第一裁决人。如此模式无疑会大大降低被担保人的维权成本。而从博弈论角度看，中国式 P2P 通过引入担保“信号”，一方面，能够将美国模式下投资者与借款人的博弈，转换为中国模式下平台及担保方与投资者的博弈，另一方面，还能把平台体系与投资者的关系从无信号发送的不完全信息静态博弈，转化为有信号发送的不完全信息动态博弈。最终，信号发送型合约也对应了精炼贝叶斯均衡。综合以上分析，中国式 P2P 制度充分反映了中国制度要素的现实情况，不仅不应是跨越监管红线的违规行为，还应认定为本土化创新。美国式 P2P 与中国式 P2P 虽然具体形式不同，却都是 P2P 通用原理与具体国情相结合后的具形。

（三）完善建议

根据以上分析，本书提出如下建议：第一，必须高度重视输入型金融创新“中国化”过程的复杂性，逐步实现将有关制度要素指标化并建立规范化的工作步骤。第二，鉴于目前集权化监管体系在监管能力上的不足已成为金融创新“中国化”的一个重要制约因素，应当尽快落实和增强地方金融办的监管责任与监管能力，在行政管理体制与监管体制层面为社会征信基础设施的完善创造有利条件。第三，有关部门在对 P2P 行业监管方面，不应盲目照搬美国平台的担保标准，同时也要未雨绸缪，积极为中国式 P2P 在长期中的转型创造条件，尽快研究完善央行征信系统与P2P平台征信体系的互联互通，推进包括坏账率在内的平台信息披露工作。

思考与讨论

1. 谈谈你对金融创新“中国化”的理解。

2. 你认为“借贷宝”企业版是否蕴含了社会福利增加？除了案例中提到的问题以外，在锁定潜在社会福利的具体过程中，你认为还面临着什么样的困难？就这两个问题分别谈谈你的理由。

3. 你认为“三方担保”功能的存在是否和P2P平台的信息中介定位存在冲突？谈谈你的理由。

4. 你认为中美两国P2P平台发展存在什么样的环境差异？这种差异会给平台经营战略带来什么影响？结合金融创新“中国化”的思路谈谈你的看法。

第七讲　准完全合约型信贷风控创新案例分析

摘要：作为开发性金融所蕴含社会福利的锁定手段，开行中长期信贷风控体系具有如下三个特点：第一，梳理出风控工作的关键任务和核心事项，以此为中心无遗漏地确定借款人与员工的职责，最大程度压缩其高风险行动空间，使之成为准完全合约。第二，将工具层面的准完全合约，与风控主流程的“准完全合约”相结合，构成“准完全合约”风控体系。第三，为了督促借款人诚信履约，引入政府作为法律体系之外新增的外部强制力量。

关键词：准完全合约、信贷风控体系创新、管理工具的准完全合约设计、风控主流程的准完全合约设计

一、准完全合约与交易成本节约：潜在福利锁定原理

能够长期地提高效率、节约成本的制度才是好制度，而成本节约的部分就是制度创新的收益。就信贷风控体系来说，其制度创新收益就是来源于有限管理资源分配效率的提高。以开行的中长期信贷风险管理实践为例，其“准完全合约”管理中的分类管理、管理动作台账化和清单化等内容，就体现了这个思路。具体来说，即是将管理资源投入结构与各项工作的重要性联系起来，优先将管理资源投入到边际回报最大的领域，通过降低“不良损失”对应的成本来实现对信贷成本的节约。

（一）分类管理的案例

资产质量分类就是按照资产类别和质量等级的不同，确定工作重

点，优良贷款管理的目标是稳定优良贷款的级别，防止贷款质量下滑；处于不良边缘的贷款管理工作重点则是促劣转优；不良贷款管理的目标是努力提升贷款质量级别，化不良为优良，直至运用法律手段予以化解。

预测管理则将所有项目划分为绿、黄、橙、红灯项目。如此分类的目的也是实施分类管理，可以有效地区分不同风险级别的项目，使开行能够按照风险高低配置管理资源。绿、黄、橙三类项目是以质量预测为依据，以黄灯和橙灯为风险控制重点，其中又以橙灯信号项目为重中之重。红灯则是存量实际不良的项目。

重点风险防范名单与不良化解名单，通过分类管理发挥两个方面的作用：第一，按照风险及可回收性程度指标对不良贷款项目进行分类，分别设置不同的管理措施。对于进入名单的项目，开行会对其分配更多的管理资源，可视为开行对有限管理资源的分配优化，将资源投放在预期边际回报更高的项目上。而“出名单”则意味着对相应项目管理资源的投入可适度减弱。第二，通过预案制定和监管频度等要求，可以倒逼开行相关部门和工作人员梳理专项工作计划、建立工作台账，提高开行整体化解工作的系统性、规范性以及管理强度。以某分行的一个机械工程行业项目的管理实践为例，由于国内固定资产投资放缓、工程机械产品需求减少、行业产能过剩等原因，借款人生产销售受到一定影响，应收账款增加，货款回笼较慢，销售收入和盈利水平有所下降。该分行及时预测到项目存在的风险，将项目纳入双名单进行管理，提高监管频率和加大风险化解力度，最后推动银、政、企各方协同努力，风险管控取得积极成效。

（二）管理工作台账化的案例

开行信贷管理的一个显著特点，是预案管理要点的明确化。比如，滚动预测管理中明确规定，对于橙灯和红灯项目必须制定预案，橙灯项目要制定防范预案，红灯项目则制定不良化解预案。这意味着开行为一线责任部门提供了统一的“工具箱”，通过将管理动作台账化，提高了工作效率。比如，在上述预案中，详细列明了工作要点、步骤和责任人，只要预案在实践中被触发，相关机构和个人按照预案动作清单执行即可。在推广管理成果的同时，有效减少了工具不统一、管理手段不统一造成的各分行工作效率差别过大的问题，是确保全行信贷质量管理工作成效的重要方式。

二、案例概况

下面结合某省棚户区改造贷款项目来进行分析。根据《某省棚户区改造国家开发银行贷款资金管理办法》（以下简称《管理办法》）的规定，省人民政府指定该省保障性住房建设工程有限公司，作为全省统筹借款的借款平台，向省开行提供与借款有关的材料，承担借款资金划转、拨付、回款等责任。市县政府承担借款资金的第一还款责任，并指定一个用款人承担借款资金偿还的相应主体责任。贷款统一由省保障房公司提供省开行认可的担保。

《管理办法》就中长期贷款合同的签约方式做了如下约定：首先，省开行与省保障房公司、各市县用款人按各地市贷款额度分别签订中长期贷款总借款合同，省财政厅、省住建厅作为监督人共同签字。其次，省开行、省保障房公司及各市县用款人签订项目中长期贷款借款合同。根据以上资料，该项目是开行与省级政府牵头的省、市、县三级政府体系的合作。以上提到的省财政厅与住建厅的共同签字，就是省级政府作为牵头者义务在合同签订环节履责的具体表现。

《管理办法》还针对“本息偿还”的规定动作按照时序做了如下约定：第一，省开行在借款本息到期日前 40 个工作日向借款人发送还款通知书。第二，市县用款人需在到期日前 15 个工作日向省保障房公司和省开行确认还本付息事宜，积极落实还款资金，于到期日前 10 个工作日将还款资金划入其在省开行设立的账户，并向省保障房公司备案。第三，还款时由市县用款人于还款前 1 个工作日将还款资金划入省保障房公司在省开行设立的账户。第四，省开行于还款当日从省保障房公司账户完成扣收。

为做到无缝隙管理，对于偏离如上时序动作的情形，文件中还明确了相应预案：在上述过程中，如果市县用款人在还款到期日前7个工作日仍未将还款资金足额划入其在省开行开立的账户，由省保障房公司、省开行及省财政厅、省住建厅及时督促还款。如市县用款人仍未能按时足额还款，对于资本金过桥贷款，由省财政厅设立的偿债准备金等财政资金先行足额垫付；对于中长期贷款，由各市县财政先行垫付。垫付资金划转至省保障房公司用于偿还贷款。对省财政已垫付资金及各市县财政未能足额垫付的资金，由省财政报经省政府批准后通过结算等手段及时扣还。虽然近年来中央开始禁止财政部门为地方融资平台提供担保，但上述执行链条作为体现准完全合约思想的案例，仍然有其实践意义。

从以上规定不难发现，开行详细规定了本息还款这项关键任务在时序上的所有动作，基本做到了完全合约。可能的意外只有一个，就是由于对市县政府的监督高度依赖省政府，那么省政府一旦违约怎么办？理论上的确有这样的风险和管理漏洞，因此，这样的管理合同才是“准完全合约”，而不是“完全合约”。但通过这样的做法毕竟最大程度压缩了合同执行中的不确定性，可能的“意外”仅仅来自省政府，其他层级政府的“意外”则得到了有效控制。同样，开行对内部员工的尽职要求也做了时序上的详细规定，基本做到了完全合约，将可能的“意外”压缩到了最少的程度。

三、立体式的准完全合约风控体系

（一）管理工具的准完全合约设计理念

1. 代表性管理工具的选择

开行创新出的管理工具有很多，比如“本息回收管理”“双名单制”“资产质量分类与滚动预测”“不良资产处置”等。管理文件大都提到了“全过程”“精细化”等称谓。其实，这些政策性词汇就体现了

“准完全合约”管理思路。比如，全过程就意味着要关注上下游所有环节，最大程度预见未来可能发生的情形，精细化则是针对每种情形设定准确的应对方案，以提高执行的便捷性。从这个意义上讲，这些管理工具的创新特征又具有共同性，有鉴于此，我们从中选择“本息回收管理”作为代表进行分析。

2. 还款人行为的台账化与合同化

台账化与合同化是准完全合约理念在本息回收管理中的体现，具体内容如下：第一，台账化，即对还款人责任义务的精细化、明确约定之后，还应实施清单制管理，即以一组时序事项清单的形式告知还款人，只要按照清单执行就能履行好还款义务。即便具体办事人员出现更换，依然可以按照清单实施。这无疑有助于降低还款人在还款工作中的实施成本。从开行角度讲，则是降低了还款人遵守合同的成本。第二，合同化，即不仅要梳理重点，建立台账，还要设置激励体系，以贯彻这些关键事项的执行。对还款人来说，最有力的激励手段就是把借款人的义务写入合同，使之成为法律约束。因此，对本息回收全过程管理来说，其中相当篇幅的内容是用于指导合同签订的。也就是说，为了完成本息回收工作，对还款人行为的约束不仅应该清晰化、台账化，还应该写入合同，以提升约束力。

3. 分行及客户经理行为的清单化与考核化

准完全合约理念不仅体现在对贷款人的管理上，在开行内部对分行及客户经理行为的考核上也充分反映了精细化的管理流程。

第一，清单化。根据相关资料本书整理得到了本息回收管理的重点及动作清单和本息回收预测管理的重点及动作清单，见表 7-1 和表 7-2。表 7-1 的第一列描述了各分行及客户经理在本息回收中的管理重点，具体包括还款计划管理、还款来源管理、到账日管理、偿债能力跟踪管理、提前还款管理、催收管理、银团贷款管理、表外受托业务管理、综合分析、一体化管理；第二列中的内容则是与这些管理重点相对应的具体动作清单，分行和客户经理都可以按照统一要求的动作清单去执行，这无疑提高了工作效率。表 7-2 的第一列则描述了本息回收预测的管理重点，具体包括管理对象、管理频度、管理重点、管理方法和应对预案等要素；第二列是预测管理的具体内容和方法，通过这一系列的规定对本息回收预测工作做了全方位的分析和布置，每个重点都明确说明了实施对象和操作性步骤。开行通过采用这样确定了任务重点和规定动作的工作清单，既便于基层客户经理具体实施，从而节省成本，又便于进一步将这些规定动作转化为尽职要求，并进入到部门和员工考核体系当中。

表 7-1　本息回收管理的重点及动作清单

管理重点	管理内容
还款计划管理	根据借款人所在的产业周期和经营现金流情况，科学均衡地设置项目还款计划
还款来源管理	注意区分项目及借款人自有资金及信贷资金，分析贷款项目的实际还款来源，跟踪财政、股东等多场景下的资金落实情况
到账日管理	（1）月末对下个月所有到期本息进行梳理并跟踪还款计划变更等事项，确保每笔本息到期日期和金额准确且无遗漏；（2）向借款人适时发送贷款到期通知书和应收利息通知书，并取得回执；（3）逐日监控本息到账及账务处理情况，及时发现未按时到账本息并分析原因
偿债能力跟踪管理	（1）至少每半年进行 1 次对借款人的实际偿债能力与评审预期的比较；（2）对借款人的现金流状况进行分析；（3）对资产负债率、速动比率和已获利息倍数等偿债指标进行绩效评价比较
提前还款管理	（1）从流动性和余额调控角度出发，加强提前还款特别是跨年度提前还款的管理；（2）有效区别提前还款的实际因素
催收管理	（1）逾期后及时向借款人和担保人发送逾期贷款催收通知书；（2）深入分析贷款本息逾期的原因；（3）根据逾期项目最新情况立即制定或调整回收预案；（4）分行可综合运用“三挂钩”、依法诉讼等政策措施进行催收
银团贷款管理	对开行作为代理行的银团贷款，应实施表内外统一管理，按照银团贷款合同约定做好银团贷款表内外回收管理工作
表外受托业务管理	对需要开行表内贷款接续的表外受托业务，应在统筹规模内优先安排，确保其能够按时、足额回收

续表

管理重点	管理内容
综合分析	至少每个季度开展本息回收综合分析，注重反映本息回收环境、特点和变化趋势，难点项目和本息拖欠项目等情况
一体化管理	本息回收要与资产质量分类、合同管理、担保管理、债贷组合管理等进行有效衔接，避免同一项目在不同管理模块出现风险定性的重大偏差

资料来源：国家开发银行与对外经济贸易大学课题组（2016）。

表 7-2　　　　本息回收预测管理的重点及动作清单

预测管理要素	预测管理内容
管理对象	预测时点所有存量贷款合同
管理频度	每季度 1 次
管理重点	以黄灯、橙灯项目为重点
管理方法	本息回收预测以借款人的偿债现金流为基本出发点，综合考虑借款人整体偿债能力和还款意愿、项目建设运营情况、还款机制以及催收手段等。本息回收难度系数采取打分卡确定，按照打分结果划分为 10 级并对应绿、黄、橙、红预警信号灯
应对预案	橙灯和黄灯项目必须制定预案。预案内容应包括：（1）回收主要问题和风险点分析；（2）当前工作进展和下一步工作措施；（3）长效回收机制方案；（4）预案需经客户处长、经营管理处和主管行领导审批

资料来源：国家开发银行与对外经济贸易大学课题组（2016）。

第二，考核化。为了将开行工作人员的各项尽职要求转化为实际行动，只在表中列出动作清单还不行，必须要辅以激励机制。对还款人的激励机制就是合同化和法律化，对分行和客户经理的激励机制则是将相应的尽职要求列入考核评价体系。在《国家开发银行加强贷款本息回收全过程管理的指导意见》的“目标与原则”中，对责任做了明确规定：“分行负责辖区内贷款本息回收，分行行长为第一责任人。本息回收业绩是衡量分行信贷管理工作绩效的主要标准之一，是考核客户经理工作业绩的重要依据”。对表 7-1、表 7-2 管理要点中所列的职责，开行均将其内化到了部门和个人考核当中并严格推行，这无疑保障了各项精细化管理过程的有效实施。

（二）风控主流程的准完全合约构建思路

1. 附加预期管理的资产质量披露机制

资产质量管理的目的是最大限度地防止和化解不良资产，通过提升管理水平和“减少损失”来提高效益。在这一过程中，及时掌握资产质量的信息，是防范和化解不良资产的前提条件。资产质量信息分为当前时点信息与预测信息，前者可以为当前时点的分类管理方案提供依据，后者则可对未来可能出现的风险做前瞻性预测，从而为采取有关措施最大限度遏制风险提供支持。当前时点的质量分类与预测性质量分类，将质量预期管理附加到资产质量披露机制当中，在每个时点，一方面判断当前的质量情况，另一方面还预测未来质量。预测未来质量的目的，是尽量识别出那些未来最有可能转化为不良的项目，并实施相应的处置方法。从一个具体时点看，这样的时序全覆盖机制，能够降低未来资产质量转为不良的比例。该制度的持续运行，无疑会有助于降低开行总体资产质量转为不良的比重。此外，预测管理在缓释开行与客户之间的信息不对称问题的基础上，通过信号灯分类曝光相应企业，还可形成倒逼借款人加强风险管理的内在动力。以某新能源发电项目的信贷管理实践为例，该项目正常的发电收入未能覆盖到期本息，保证人实力较弱，抵押物价值也出现明显下降，同时借款人涉诉，造成项目风险上升。尽管出现了上述问题，该分行利用资产质量滚动预测提前了解到该项目风险信息，通过积极采取多种措施，加大本息催收力度，加强电费质押账户监管，确保电费收入存入开行，并做好资产保全准备工作。经过一系列措施，该项目风险在两年多的时间内得到了有效管控。

2. 主要信贷管理工具间的动态反馈机制

主要信贷管理工具间的动态反馈机制主要包括下面两部分：第一，资产质量分类与双名单之间的衔接。资产质量分类的结果，与双名单制相衔接。具体来说，对于在资产质量分类中判别为处于不良边缘的项目，可将其转入重点风险防范名单。而对于已经处于“不良”状态的项目，则可以直接转入不良贷款项目名单。同时，重点风险防范名单对于质量分类也有反馈作用，一类和二类重点风险防范项目应及时调整资产质量分类等级。原则上一类风险防范名单项目资产质量分类不高于关注类一级。第二，重点风险防范名单与质量滚动预测及本息回收预测的衔接。重点风险防范名单制度，主要针对的是“当前质量非不良、有潜在风险”的项目。这些项目无非有两个变化方向，一个是转为正常项目，另一个是转为不良项目。风险防范名单一方面有自己的判别体系，另一方面也和质量滚动预测以及本息回收预测等工作有效衔接。其中明确规定，资产质量滚动预测两个季度内转劣，以及本息回收预测不能全额回收的项目，必须纳入一类重点防范名单。如果资产质量滚动预测四个季度内转劣，至少纳入二类重点防范名单。

3. 风控主流程的准完全合约特征

如果说每个工具的详细规定是对于关键任务的全过程管理，那么，这些不同工具间的衔接，则体现了信贷风险管理主流程的全过程。具体地说，资产质量分类、质量滚动预测分别从各自的管理视角采集风险信号，这些信号会触发进一步的应对方案。比如，根据项目信号反映出的风险程度，分别将其传递给“正常管理至销户”、“双名单”甚至“不良资产处置至销户”。进入双名单的项目，还会根据处理后的信号，进一步传递到“正常管理到销户”、“正常管理后再次出现风险上升”以及“不良资产处置及销户”。

这样看来，开行信贷资产质量管理实际上是一个立体式的“准完全合约”管理体系。首先，无论是工具层面还是风控主流程层面，都是“准完全合约”。其次，工具层面的“准完全合约”处于立体式“准完全合约”体系的底层，负责采集基础信号，并当超越自身管理边界的信号出现时，按照不同工具间的衔接规则也即顶层“准完全合约”的约定，触发和传递给下一个管理工具。

四、附加行政支持的合同强化机制

（一）保障合同执行的强制力量

虽然在理论上交易双方的交易关系有可能通过纳什均衡实现合约的自我实施，但在商誉等信息无法作为公共知识以及存在信息不对称的条件下，合同中约定的权责仍然需要外部强制力量予以保证。法律裁决体系就是强制保证的一种，通过形成对逃避合同义务行为的威慑，有助于提高合同执行度。

然而，司法系统并非外部强制力量的全部，交易中的参与方也完全可以循着格雷夫的“辅助交易—核心交易”框架以及青木昌彦的“关联博弈”框架的思路，在现实中引入新的强制保证力。这在法治水平较低、执法体系不健全的环境下尤为重要。对于希望提高合同执行度的参与方来说，只要有可能，也一定会尽量增加这样的外部强制力量。沿着这样的思路，我们就不难理解社会上有专司讨债的机构存在。当然，对外部强制力量的拓展程度同样受到成本-收益权衡的约束。

开行在信贷管理合约执行保障体系的建设中同样遵循这样的思路，最为基础性的保障体系应该是法律裁决系统。法律体系的效率越高，就越有利于追索方维护自己的权益。但与此同时，法律途径也面临着周期长、成本较高等不利因素。利益追索方有时候不得不衡量这些因素，并根据自身的禀赋构造出一些新的强制力量。

（二）项目所在地政府的强化作用

与其他商业银行信贷管理方法相区别，开行信贷管理中拥有的是“有约束力协议”的加强版，即“银政协议”+“开行与当地借款人之间的贷款合同”。在司法成本较高，同时政府干预能力较强的环境下，这样的加强版的信贷协议具有重要意义。

第一，贷前管理中的银政协议明确约定了地方政府在协调开行与本地企业贷款人之间关系上的干预义务。从信贷风险管理的角度，这叫做“增信”；从博弈论角度看，这就是合作博弈中的“有约束力的协议”。正是有了这样的协议，企业“逃避还款必将招致强力追讨”这一逻辑才会变得更为可信，企业逃避还款的冲动也才会在事前环节被有效抑制。也正是政府的参与承诺，在企业面临经营危机时，开行也才能充分调动一切可利用的资源，形成对风险及不良资产最佳的应对方案。

第二，政府信用的介入通过改变银行与借款企业之间的信贷博弈结构而发挥作用。对开行来说，通过与政府签署具有约束力的合作协议，能够将原本开行与贷款企业之间的信贷交易，从一次性博弈向无限次博弈转变。而后，再通过一系列措施，构建起市场信用，激发经济体信用机制的自我演化过程。从这一角度看，利用地方政府的信用承诺，可实现对企业或其他项目借款方可置信的惩罚威胁，从而实现“行政”手段对“司法”途径的有益补充，相对降低银行的边际成本，最终有助于囚徒福祉的实现，提高社会福利水平。总的来看，开行对双重协议违约的惩罚也是可信的，既包括对违约企业的惩罚，也包括以“三挂钩”等方法把开行新增信贷投放与现有项目贷款质量有效衔接，从而形成对地方政府的履约激励。

第三，从制度经济学角度看，在同样具有商业化信贷管理手段的情况下，“有约束力的协议”一方面使得开行在经营管理中能够避免很多非合作策略均衡的结果，节省管理成本；另一方面，开行的管理资源投入也变得更为集中，提高了管理效率。对任何信贷管理的组织架构来说，事前高效的组织与制度安排都能带来社会福利水平的提高。

（三）合作体系中的最高层级政府作为强制力量

开行与政府的合作往往表现为开行与上级牵头的多层级政府体系合作。在这样的结构下，政府作为强制力量的保证就有了新的含义。具体地说，不仅借款人所在地的基层政府会督促借款人履约，而且作为多层级政府体系牵头者的最高层级政府同样拥有催款义务。开行通过与作为牵头者的最高层级政府签订银政协议，获得了对这个多层级政府体系的可置信威胁。也就是说，如果这个多层体系中的哪个机构违约，作为牵头者的最高层级政府会进行行政干预，常见的手段是从税收返还中直接扣除。开行由于拥有政府资源禀赋，因此，新增的外部强制力量为牵头者的最高层级政府。而一些小型商业性机构，由于不具备这样的禀赋，实践中往往求助于讨债公司。一些大型商业机构的地位处于以上两类的中间，经常表现为对这两种资源的综合利用。

在以上分析中，作为三层政府体系的省级政府承担了合同的行政强制功能，包括两类手段：首先是督促还款，结合垂直化行政体系，这样的督促具有相当的强制力。其次是通过省财政予以扣收，在基层政府对上级转移支付依赖度较大的当前环境下，这个手段同样具有威慑力，因为省政府的确有能力强制基层政府还款，即贷款终究是要还的，这样一来，与其被扣收影响声誉和政府考核评价，还不如主动还款。尽管财政担保机制已经不再被允许，但省政府作为三层政府体系牵头者的附加行政支持功能，对控制信贷风险仍然具有重要含义。

思考与讨论

1. 准完全合约为何能带来交易成本的节约？

2. 在实际管理工作中，准完全合约的思想具有何种应用价值？

3. 立体式准完全合约风控体系在所有银行机构都不同程度存在，但具体实现方式又有不同。谈谈你对金融机构如何“因地制宜”地应用该思路建设风控体系问题的理解。

4. 列举或提出一个应用准完全合约思路改进债权管理的例子。

第八讲　网络联保贷款创新案例分析

摘要：阿里巴巴集团和中国建设银行曾在2007—2010年间合作推出网络联保贷款。与传统联保模式相比，基于网商社区的网络联保贷款模式，能以更低的成本实施贷前甄别、贷中监控及贷后违约惩戒，故而具有社会福利效应。这不仅有利于借贷双方达成融资交易，还能起到促进借款人诚信守约、主动提升其信用水平的作用。

关键词：小微网商、联保贷款、网络联保贷款、网商贷

一、网络联保贷款概述

（一）产生背景

近年来，随着阿里巴巴等电子商务平台的迅速发展，越来越多的企业和个体工商户加入到小微网商大军中来。但与此同时，小微网商存在的融资难问题也在逐步凸显，主要包括：第一，融资需求迫切。相关调查显示，近四成的小微网商需要依靠贷款才能维持经营，每年倒闭的小微网商中近三成是因为流动资金不足和资金链断裂造成的。第二，融资渠道受限。目前，小微网商受自身资产规模的限制，很难直接向大型商业银行申请贷款。

小微网商之所以面临融资难题，原因之一是商业银行与小微网商之间存在严重的信息不对称。小微网商能够向银行提供的“硬信息”太少，同时银行又无从获取相关的“软信息”。因此，对于商业银行来说，向小微网商发放贷款的风险太高，这无疑会增大小微网商的贷款难度。但与此同时，小微网商又不同于传统小微企业，最大的特点在于小

微网商一般都要依托于第三方网络商务平台来发生交易。随着互联网技术的发展与平台经营期限的延伸，第三方商务平台掌握的企业信息增加，小微网商的经营状况可以更大程度地被第三方商务平台掌握。网络联保贷款创新就是在此背景下出现的。

（二）基本情况

2007 年，阿里巴巴集团与中国建设银行合作推出一种新型的网络融资模式——网络联保贷款。网络联保贷款是一款针对小微网商的不需要任何抵押的贷款产品，由 3 家或 3 家以上的小微网商，通过阿里巴巴集团网站自愿组成贷款联保体，经由电子商务交易平台共同向银行申请贷款，联保体之间实行连带责任机制，实现风险共担，即当一家小微网商无法履行承诺偿还贷款时，那么，联保体内其他成员就要帮助它还款，否则整个联保体都将失去贷款机会。网络联保贷款是在传统的联保贷款模式的基础之上提出来的，它不仅具有传统联保贷款模式的基本属性，还融入了一些新的特征，是电子商务平台与商业银行信贷机制的有机结合，为解决我国小微网商融资困境提供了一条新的出路。

二、传统联保与网络联保的比较分析

（一）传统联保贷款模式

网络联保贷款模式是一种新型的互联网融资模式，同时也是在传统联保贷款模式的基础之上发展起来的。本章节通过选取某银行的“联保贷”为例对传统联保贷款模式进行分析。将传统联保贷款选择为比较对象，并不意味着它落后，而是说，在技术进步和商业模式革新作用下，资金供求双方可以被进一步细分，其中一些或许沿用原模式更好，还有一些比如小微网商则可能更适合于作为创新模式的网络联保。网络联保的出现，不一定会导致原模式的完全消失。

1. 传统联保贷款模式的缘起

传统联保贷款模式最早可追溯到诺贝尔和平奖得主穆罕默德·尤纳

斯教授创办的“Grameen Bank”（在孟加拉语中“Grameen”译为“乡村的”）。1972年，尤纳斯在看到孟加拉国当地手工业者困境后，拿出27美元贷给42位手工业者，要求他们5～10人组成一个联保体，一旦其中一人不还款，其他人就要替他还款，否则，整个联保小组都将失去获得贷款的机会。结果，这些手工业者在将产品售出后都信守承诺归还了贷款。正是基于这一次对穷人的救助行为，尤纳斯教授产生了创办一个针对穷人贷款的“乡村银行”的构想。经过多年的努力，1983年，尤纳斯教授经政府批准建立了“格莱珉银行”，其无抵押的小额信贷模式使无数孟加拉国穷人受益，并且创造了近百分之百还款率的奇迹，“格莱珉银行”模式的成功也受到世界上很多国家的借鉴，这一成功的模式也逐渐推广到了全世界。

2. “联保贷”概况

中国的“联保贷”贷款产品，是结合浙江地区商人“抱团取暖”的商业文化，由某商业银行推出的不需要任何抵押担保的贷款产品。由5家或者5家以上的关系较好、相互信任、同样有资金需求的个体工商户或者企业组成一个贷款联保小组，共同向该商业银行缴纳一定的贷款风险保证金，就可获得最高3倍于贷款保证金的贷款模式。根据联保成员之间的不同关系，可将“联保贷”产品做进一步细分①，如表8-1所示。

表8-1　“联保贷”产品系列

产品名称	业务范围	特点
同行联保贷	由经营相似或者同类业务的申请贷款人组成，如同一行业协会的会员或者同一专业市场内的经营户	无抵押、共同担保、节省费用、安全高效
老乡联保贷	由来自同一区域内的异地的申请贷款人组成，如来自外地同一老乡商会的会员或者来自外地同一区域的同乡	
邻里联保贷	由来自当地同一区域的申请贷款人组成，如企业或者个体工商户的生产经营场所位于同一街道、园区或者村镇	
生意圈联保贷	由相互之间有生意来往的、且缺乏资金的申请贷款人组成，如销售商或者供应商	

① 联保贷产品，http://www.czbank.com/czbank/html/4691.html#11。

3.“联保贷”的申请条件

申请“联保贷”产品的联保体类型包括个人联保和企业联保，银行对两种类型的申请条件要求、申请限额以及贷款年限如表 8-2 所示[①]。

表 8-2 “联保贷”的申请条件

申请类型	个人联保	企业联保
申请条件	(1) 能提供从事合法经营活动的证明文件；(2) 信用记录良好，无影响银行贷款安全的不良嗜好；(3) 联保成员需缴纳授信额度的三分之一作为申请贷款的保证金	(1) 实际控制人从业经营须在两年以上；(2) 经营效应稳定、销售形势良好、近两个年度连续保持盈利，具有按息偿还贷款的能力；(3) 无不良信用记录；(4) 联保成员需缴纳授信额度的三分之一作为申请贷款的保证金
单户申请限额	200 万元	750 万元
还款期限	一般为 1 年	一般为 1 年

4.“联保贷”的申请流程

“联保贷”的申请流程如图 8-1 所示。第一，组建联保体。由有贷款融资需求的小微企业，根据自己的需要，选择 5 个或者 5 个以上关系较好并且相互信任的借款人，可以是同行或老乡，也可以是邻里或者生意圈，共同组建成联保体，签订联保互保协议。第二，向银行提出贷款申请。个人填写《个人联保贷款申请书及申报审批书》；企业填写《小企业单笔业务调查、审查、审批与核准表》《小企业单笔业务申请书》《小企业授信申报、审查、审议、评判与审批表》，联保小组以集体名义向银行提出贷款申请。第三，银行受理。联保体向银行提出贷款申请后，银行将派出客户经理和风控经理双人对申请贷款企业以及企业负责人进行全面的贷前调查，通过查看企业财务报表、银行对账单以及实地

① 联保贷介绍，http://www.czbank.com/czbank/html/4680.html。

考察企业员工数量、厂房设备等固定资产，对企业的经营状况、还款能力以及未来发展前景做出科学、客观的评估。第四，业务评判。由总行向各分行和支行委派风险控制官，负责所在分行或支行的风险控制，与所在的单位负责人形成制约，对于企业申请的联保贷款，也要由分行或者支行的风险控制官进行评判。风险控制官与风控经理职责不同，是总行派来监测各个分行的风控质量以及风险水平的人员，防范分行为了自己的利益而做出损害总行利益的高风险行为。第五，贷款审批。贷款申请经银行客户经理和风控经理实地调查、风险控制官做出业务评判后，由各分支行拥有审批权的实际负责人对贷款进行审批。第六，签订合同。银行对企业的申请审批通过后，申请贷款企业将与其签订担保合同和借款合同。第七，落实各贷款条件后发放贷款。

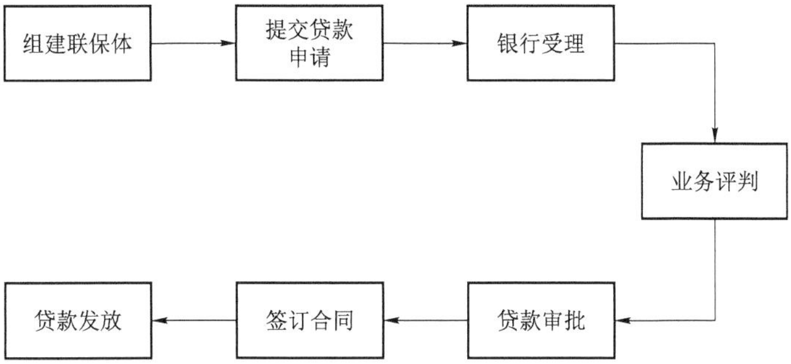

图 8-1 “联保贷”申请流程

5. “联保贷”风控机制

第一，贷前环节。“联保贷”要求申请贷款的联保体 5 户或者 5 户以上，之所以至少 5 户，这是银行在综合考虑各种因素之后结合实践经验得出的最稳定、风险最小的数量。在选择合作小组成员的时候，企业更倾向于选择老乡、同行、生意圈以及邻里的其他企业来合作组成“老乡联保贷”“同行联保贷”“生意圈联保贷”“邻里联保贷”。联保成员之间十分熟悉且相互信任，同时也有利于对同伴进行监督。

“联保贷”要求申请贷款企业在申请贷款之前提前向银行缴纳一定

的风险保证金，开创了“存一贷三”的贷款模式，企业可申请3倍于所存保证金数额的贷款，但是企业申请贷款的数额不得高于750万元，个体工商户申请的最高贷款数额不得高于200万元，并且任何一家申请贷款的企业申请的贷款数额都不得高于联保体的整体保证金之和。在风险保证金的保障之下，一旦有企业违约不还款，就能用这部分保证金偿还贷款，以减少银行的损失，从而降低贷款风险。

第二，贷中环节。“联保贷”产品的创新之处就是总行派风险控制官到各分支行，行使风险监督权。风险控制官都是由总行选派的，拥有丰富的从业经验和较高的职业素养，“联保贷”的每个环节，风险控制官都要全程参与，并且要对“联保贷”实施风险监控，在贷款过程中，对于企业出现的可能影响贷款偿还的因素要及时发现并预警，排除各种影响因素，以保障贷款按时偿还。

第三，贷后环节。申请“联保贷”的企业一般都处于同一地域、同一行业或者同一生意圈，由于地域相近、业务上有合作往来，因此，在实施贷后监督的时候比较容易，便于风险控制官或者负责人对申请贷款企业的经营状况和偿还贷款能力进行实时监控，从而降低监督成本。监督过程中一旦发现有企业的偿还贷款能力出现问题，银行则可以迅速采取相关措施，确保贷款安全。

6. “联保贷”存在的不足

以“联保贷”为代表的传统联保贷款模式自产生以来，对解决我国中小企业的融资问题发挥了重要的作用，但是在其发展过程中，也出现了“异化”现象，2011年更是爆发了浙江多企业联保贷款“跑路”事件。从联保企业“跑路”导致资金链断裂事件中我们可以看到，传统联保贷款模式有其自身发展局限性，存在着较大的风险。联保贷款的主要问题在于：第一，联保贷款能够给借款方带来更高的杠杆。“联保贷”规定联保体整体可以获得3倍于保证金的贷款，在银行没有对联保中的个体进行严格审批的情况下，可能存在几家企业或者个人联合起来进行骗贷的行为。例如，2011年，山东省蓬莱市某企业主王某联合一些亲戚组成联保体向银行提供虚假财务以及贷款资料，骗取贷款2 600

余万元。第二，传统联保贷款模式下，对企业联保体的层级数并没有严格的限定，一家企业可以参与多个联保体，即一级联保体之下可能存在二级联保体，二级联保体之下可能存在三级联保体……环环相扣，如此错综复杂的联保体结构使得只要一家企业资金链断裂，影响的可能不止一个联保体，就会引发“多米诺骨牌效应”，从而一级一级层层牵连出其他企业，“蝴蝶效应”最终会导致恶果。第三，金融机构与企业之间仍然存在信息不对称。虽然在联保贷中存在贷中以及贷后环节的风险控制，但是联保机制并不能促使企业主动公开信息，企业仍有动机去隐藏项目的问题，不会及时停止出现问题的项目。第四，当企业参与到联保体当中后，企业经理人可能会出现道德风险。一方面企业更会倾向于选择风险高的项目，因为当亏损时其他担保人也要负责清还账务，而收益却不会共享。另一方面企业管理人可能会出现投机行为，以自身收益最大化为目标，而不是项目或者企业收入最大化。第五，违约成本不够高，无法对具有投机动机的借款人施以足够大的震慑。惩戒机制主要包含两个维度，一是惩罚的力度。如果企业恶意违约带给自己的损失更大，那么就会有动机去选择诚实的行为。二是惩罚措施的可实施性。在发现企业存在违约或者不诚信的情况下，金融机构必须有能力去对企业实施惩罚，使得惩罚不流于形式。总的来看，我国征信基础设施的惩戒功能还不尽如人意，网络联保贷款模式创新就是这方面的尝试。

上述问题的关键是银企之间的信息不对称以及低违约成本。联保贷款机制并没有向银行传递关于企业的信息，银行不能确定企业诚信与否。当企业选择联保时，有可能是企业拥有好的项目但没有抵押品，从而需要依靠联保获得贷款。但也存在另一种可能，即企业本身的项目风险很高，只是通过联保贷款来降低失败后的成本，最终可能会形成混合均衡。如果联保体中的每一个企业都陷入囚徒困境，选择高风险的项目，那么联保体会给银行带来更高的风险。因此银行无法通过企业是否参与联保体来辨别企业的类型，无法缓解银企之间的信息不对称。

（二）网络联保贷款的模式分析

1. 网络联保贷款模式运作原理

与传统意义上的联保贷款模式不同的是，网络联保贷款加入了阿里巴巴电子商务交易平台，由最初的网商、联保体和商业银行间的三方博弈变为网商、联保体、电子商务交易平台和商业银行之间的四方博弈（见图8-2）。小微网商通过阿里巴巴集团网站组成联保体，联保体成员之间实施连带责任，共同担保。阿里巴巴电子商务平台通过多年的经营积累了大量的信用数据和客户资源，并为其诚信通会员设定信用指数，阿里巴巴集团对小微网商的信用评级将作为商业银行是否发放贷款的重要依据。一旦小微网商违约，阿里巴巴就会受中国建设银行的委托而对违约的小微网商进行信息披露，关闭其在阿里巴巴集团的一切交易账户，从而使小微网商丧失网络声誉而无法在电商领域继续生存。① 因此，网络联保增信的关键，是增加了阿里巴巴这个违约惩戒行为的执行者，可以较低的成本对违约网商实施惩罚。

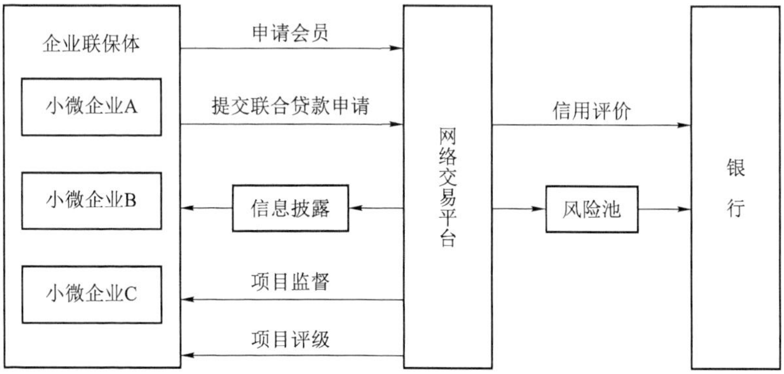

图8-2 网络联保贷款运作原理

① 网络联保贷款运作原理，http://baidu.ku6.com/watch/01465217021719222485.html?page=videoMultiNeed。

2. 网络联保贷款模式的申请条件

网络联保贷款模式最突出的特点就是无抵押，而阿里巴巴集团之所以敢于推行无抵押贷款是基于“阿里云”的大数据资源形成的企业信用评级，但并不是所有的小微网商都可以申请网络联保贷款，为了控制违约风险，阿里巴巴集团对于网络联保贷款的申请条件做出了具体限定（见表 8-3）。

表 8-3　　小微网商网络联保贷款的申请条件①

1. 小微网商必须具备诚信通会员或中国供应商会员资格
2. 小微网商工商注册年限已满 18 个月，或企业法人代表从事当前行业不少于 5 年
3. 小微网商上年无亏损，经营状况良好
4. 小微网商目前在中国建设银行各分支机构无贷款余额
5. 小微网商目前不属于子公司或分公司

除了以上最基本的条件外，阿里巴巴集团对不同地区申请网络联保贷款的小微网商的贷款额度、资产状况以及行业做出具体限制，以最大程度降低联保贷款的风险（见表 8-4）。

表 8-4　　小微网商网络联保贷款特殊条件限制

地区	贷款额度限制	年度销售总额或总资产	行业限制
江苏	50 万元以上 500 万元以下	年销售额不低于 500 万元	不限
宁波	20 万元以上 500 万元以下	年销售额不低于 200 万元	不限
苏州	50 万元以上 500 万元以下	年销售额不低于 200 万元	不受理钢贸企业
上海	50 万元以上 200 万元以下	年销售额不低于 500 万元	科技型小微企业优先
广东	50 万元以上 500 万元以下	年销售额不低于 500 万元；总资产不低于 200 万元	不受理房地产行业；支持科技型小微企业

① 网络联保贷款申请条件以及流程，http://my.tv.sohu.com/us/100754741/32446651.shtml。

续表

地区	贷款额度限制	年度销售总额或总资产	行业限制
深圳	50万元以上500万元以下	年销售额不低于500万元；总资产不低于150万元	不限
厦门	50万元以上500万元以下	年销售额不低于500万元；贸易型企业总资产不低于300万元	支持通用设备制造、电子及计算机设备

数据来源：阿里巴巴网站，http://info.china.alibaba.com

3. 网络联保贷款模式贷款流程

网络联保贷款模式贷款流程主要环节包括：第一，小微网商在阿里巴巴网站注册。在申请网络联保贷款之前，小微网商需要先在阿里巴巴网站上进行注册，成为中国诚信通或者中国供应商会员，有自己的支付宝账号。第二，小微网商组成贷款联保体。小微网商在组建贷款联保体时遵循自愿的原则。起初，网络联保贷款模式只针对浙江地区，选择地域相近的小微网商组建联保体，或者选择自己的亲朋好友作为合作伙伴，相近的地域有利于对联保成员的经营状况以及风险控制水平有更好的了解，随着网络联保贷款模式的不断发展，该模式已经推广到山东、江苏等地区，辐射范围逐渐扩大，但小微网商仍然倾向于首选与自己地域相近的企业来组建联保体。其次，小微网商倾向于选择与自己风险水平相近的企业。在组建贷款联保体时，往往选择相同行业的企业，联保体成员受相同外部系统性风险的影响，因而具有相近的风险水平，从而更有利于对同伴实施横向监督和制约。另外，小微网商也可以单独提出贷款申请，然后通过阿里巴巴网站，找到风险水平相近、信用评级相匹配的企业来共同组建新的联保体①。第三，网络联保贷款联保体共同提出贷款申请。小微网商组建成贷款联保体以后，各企业根据自己的需求确定想要的贷款额度，然后根据各企业的贷款额度确定整个联保体的贷款总额，签订网络联保贷款协议，组建成联保体的小微网商共同向电子

① 组建联保体流程，http://v.youku.com/v_show/id_XMTAyMDU4MDY0.html。

商务平台阿里巴巴集团提出贷款申请。第四，银行进行贷款审批。阿里巴巴集团将申请贷款企业在阿里巴巴集团网站上的相关交易数据和信用记录提供给银行作为贷款审批的重要依据。同时，商业银行客户经理会对申请网络联保贷款的企业进行实地走访，考察企业的资产状况和还款能力，形成企业的授信报告。第五，审批通过获得贷款。综合企业的资产状况以及阿里巴巴集团电子商务平台提供的信用交易记录，再结合申请贷款企业所处地区、所在行业等条件，确定网络联保贷款小组的授信额度，给联保体发放贷款，联保体成员依据所签网络联保贷款协议分配各自的贷款额度。第六，贷后管理。发放网络联保贷款以后，银行的客户经理要继续通过企业银行账户或者定期实地走访考察对小微网商的经营状况进行跟踪和检测。对于按时履约还款的企业相应提高其联保体的信用等级，对于未按时还款的企业，要求其他联保企业承担连带责任，并向上级报告。若追偿未果，将违约企业在阿里巴巴网站上进行信息披露，并关闭其在阿里巴巴网站的一切交易账号。贷款申请流程如图 8-3 所示。

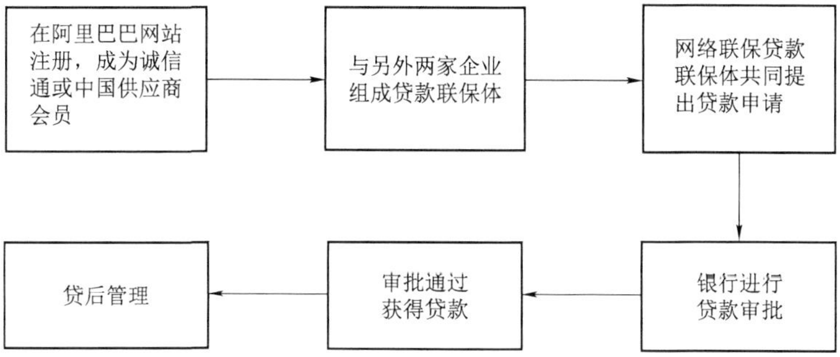

图 8-3　网络联保贷款申请流程

4. 网络联保贷款模式风控机制

网络联保贷款模式风控机制主要体现在以下三个环节。

第一，贷前环节。小微网商网络联保贷款贷前风控机制共有三道防线：第一道防线是网络联保贷款小组成员之间的横向监督机制。网络联保贷款联保成员之间实行“连坐”，即当一家小微网商不履约，无法偿还贷款时，贷款小组其他成员要帮忙履约还款，否则整个联保体的所有成员企业都将失去下次贷款的机会。基于这样一种约束机制，小微网商一般首选自己的亲朋好友或者地域十分相近的企业作为合作伙伴，从而对合作企业经营状况以及老板的诚信状况有更好的了解，也便于对合作企业的生产经营进行监督。其次，小微网商还倾向于选择相同行业或相近行业的企业组成联保体，所处行业相同，那么合作的小微网商之间将受相同外部系统性风险的影响，企业之间风险水平相近，这样，企业间实施横向监督比银行对企业实施监督更容易。总之，网络联保贷款中的横向监督，能有效缓解商业银行与小微网商之间的信息不对称，从而提高履约还款率。第二道防线是基于阿里巴巴集团电子商务平台的贷前审批环节。小微网商申请网络联保贷款的前提必须是诚信通或者中国供应商的会员，阿里巴巴网站积累了小微网商大量的交易记录和经营数据，通过对这些数据进行筛选，从而甄别出小微网商的资产状况与还款能力等信息。另外，阿里巴巴集团通过“阿里云”大数据系统建立起自己的风险防控计量模型，利用大数据系统，对每家申请贷款的小微网商确定诚信等级和风险防控指数，作为是否发放贷款的重要依据。这个风险防控计量模型是基于阿里巴巴集团自己网站的大数据建立起来的，因此具有很高的真实性与可靠性，能够对小微网商的还款能力做出客观、真实的评估。第三道防线是商业银行贷前审批环节。商业银行在审批贷款时，除了依据阿里巴巴集团提供的小微网商的信用等级和风险防控指数外，银行的客户经理还将会对申请贷款的企业进行实地考察，与企业的负责人进行面对面访谈，并考察企业实际员工人数、厂房等设施，并形成相关企业的授信报告，作为贷款审批的重要依据。

第二，贷中环节。贷款发放以后，电子商务平台和商业银行要继续对申请贷款的企业以及联保小组成员进行实时跟踪。一方面，通过阿里巴巴网站，能够方便快捷、低成本地对小微网商的交易记录进行收集；另一方面，商业银行的客户经理要继续对企业进行定期回访，并通过企业在商业银行的账户流水等记录，跟踪企业的交易信息，一旦发现企业的还款能力出现问题，要及时地进行预警。

第三，贷后环节。贷款到期后，若小微网商能够履约还款，那么小微网商在阿里巴巴集团网站上的信用记录就会增加一个等级，企业下次申请贷款时就会更容易。但如果一家小微网商的还款能力出现问题，不能按时履约还款，那么联保小组的其他成员出于连带责任就要帮忙还款，否则，将影响整个小组的诚信指数；若追偿贷款失败，即整个联保小组都不还款，那么阿里巴巴集团就要对违约的小微网商进行信息披露，关闭贷款企业及小组内其他成员企业在阿里巴巴集团网站的一切账户信息，并在网站上披露违约小微网商的企业信息，包括企业名称、法人代表、经营地址等，对于以电子商务为主的小微网商来说，这样的“封杀”无异于致命性的打击，将无法继续生存。因此，相较于传统的实体企业，小微网商更加注重自己的“网络声誉”，在没有抵押担保品的网络联保贷款中，小微网商为了维护自己的网络声誉也会约束自己的行为，履约还款，因此，网络声誉在一定程度上能够弥补小微网商抵押担保品不足的缺陷。

上述三环节风控机制更为有效的原因在于企业可以通过参与网络联保向外界传递自己是一个好企业的信息，从而可获得更高的声誉。其背后的理论逻辑在于：首先，网络联保体内部的横向监督有助于降低联保体的违约率。因为组内的成员在选择其他成员时，对其诚信水平有一定的判断，而且在生产经营中也会对其他成员进行监督，防止出现过高的风险。其次，电商平台通过对企业的资质审核以及经营阶段的实时监督，可以帮助银行降低贷款无法收回的可能性。最后，电商平台通过严厉的惩罚措施提高网络联保体内部企业的违约成本，降低企业的违约收益，使得企业将保持诚信作为其最优选择。通过采取这些措施，企业参与联保并保持诚信更容易成为贝叶斯精炼均衡，从而导致银行拥有网络联保体内部的企业违约率低这一信念，并给予联保贷款更优惠的利率或者更高的额度。这样也增加了企业身为联保体一员的收益，增加其保持声誉的收益，降低了企业违约的可能。

三、网络联保贷款：交易属性与治理机制

（一）网络联保贷款交易属性

通过前面对传统联保贷款模式与网络联保贷款模式对比分析可以发现，网络联保贷款模式，相较于传统联保贷款模式，其交易属性发生了变化。交易属性的改变主要体现在以下三个方面。

1. 网络联保贷款交易环境的变化

传统联保贷款模式下，无论是企业组建联保体，还是银行对申请贷款联保体的贷前审批以及贷后监督，都是在线下进行的，大都通过面对面的交流和实地考察。网络联保贷款模式下，交易环境由“线下”转为“线上+线下”，申请贷款的企业可以通过阿里巴巴网站网络联保贷款专区查找企业组建联保体，阿里巴巴平台通过线上信用体系对申请贷款的联保体进行贷前审批。审批通过后，银行对联保企业进行实地考察。阿里巴巴平台通过线上方式实施贷后监督和违约信息披露。

2. 网络联保贷款交易参与者的变化

在传统联保贷款模式下，存在三个交易参与方：一是发放贷款的商业银行，二是申请贷款的企业，三是作为共同体的联保体。在网络联保贷款模式下，原来的三方参与者依然存在，但却引入第四方即阿里巴巴平台。随着阿里巴巴的进入，联保贷款模式的交易属性随之发生了改变。传统联保贷款模式下，申请贷款企业组成联保体以后，填写联保贷款申请，提交银行审批。在网络联保贷款模式下，在联保体向银行提出审批之前，应首先向阿里巴巴平台提出申请，阿里巴巴平台基于自己掌握的企业信用记录给出对企业贷款申请的意见。只有经阿里巴巴平台审批通过的企业才能提交银行审批。两种联保贷款模式差异可通过图 8-4 予以反映。

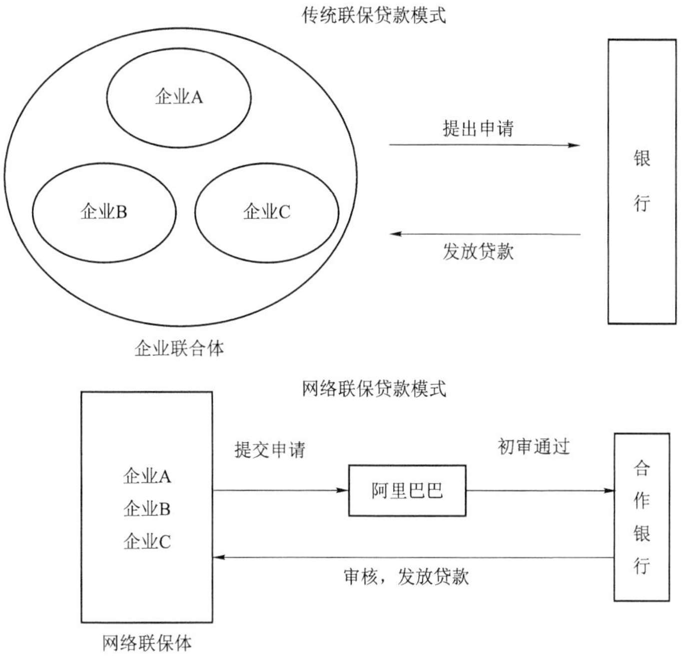

图 8-4　两种联保贷款模式对比

3. 网络联保贷款交易规则的变化

传统联保贷款模式对贷款主体有具体的要求，其中，针对个人联保贷款的要求是：第一，能提供从事合法经营活动的证明文件。第二，信用记录良好，无影响银行贷款安全的不良嗜好。第三，联保成员需缴纳其授信额度的三分之一作为保证金。对企业联保贷款的要求是：第一，实际控制人从业经营须在两年以上。第二，经营效益稳定、销售形势良好、近两个年度连续保持盈利，具有按期偿还贷款的能力。第三，无不良信用记录。第四，联保成员需缴纳其授信额度的三分之一作为保证金。

网络联保贷款模式下，为了充分发挥网络社区环境下的风控优势，阿里巴巴对申请贷款的企业做了如下规定：第一，申请贷款企业必须在阿里巴巴网站注册并具有诚信通或中国供应商会员资格。第二，工商注册已满三年，或者法人代表从事当前行业经营已满五年。第三，上年经营无亏损。第四，当前在中国建设银行无欠债余额。

可以看出，在网络联保贷款模式下，借由网络社区的途径，阿里巴巴和建设银行组成的金融联合体可以对网商施加更加全面和广泛的影响与限制，从而能够更有效地控制贷款风险。综上所述，交易环境、交易参与者以及交易规则的改变引起联保贷款的交易属性发生了变化。针对联保贷款所具有的特殊交易属性，依托于网络社区的网络联保贷款模式是与之更具匹配性的治理机制。

（二）网络联保贷款治理机制

网络联保贷款的治理机制根据其交易属性的变化而进行了调整，与传统联保贷款的不同之处主要体现在贷款类型以及贷前、贷中和贷后等环节，如表 8-5 所示。

表 8-5　传统联保贷款模式与网络联保贷款模式治理机制对比

	传统联保贷款模式	网络联保贷款模式
公司类型	商业银行	互联网企业与商业银行
客户来源	个人或者符合《中小企业划型标准规定》的小型企业、微型企业	阿里巴巴平台注册会员、诚信通会员、中国供应商会员
贷款类型	个人联保体单户申请联保贷款的最高限额为 200 万元，企业单户申请联保贷款的最高限额为 750 万元。年化利率在 10% 左右。适用于杭州、宁波、温州、绍兴、成都等地	联保体申请贷款额度为 50 万～500 万元。年化利率大约在 8% ～12% 之间。目前仅在浙江省、江苏省、山东省等地适用
运作模式	银行受理，实行连带责任机制。贷款在线下进行，贷款前银行要对申请贷款企业进行实地考察，贷款审批周期较长，缺乏灵活性	阿里巴巴和银行双重受理。实行连带责任机制、数据分析双重控制。贷款方式为通过阿里巴巴平台以联保体的形式共同提交申请，线上进行网络审批，网络化操作节省时间成本。网络联保贷款从申请到发放都是互联网化操作，发放速度快，操作便捷，网络化操作无疑能够给申请贷款企业带来极大的方便

续表

	传统联保贷款模式	网络联保贷款模式
贷前环节	选择合作小组成员的时候，企业更倾向于选择同行、老乡、邻里以及生意圈的其他企业来合作组成联保体；要求申请贷款企业在申请贷款之前提前向银行缴纳一定风险保证金，并且开创了“存一贷三”的贷款模式	网络联保贷款模式贷前有三道防线。第一道防线是网络联保贷款小组成员之间的横向监督机制；第二道防线是基于阿里巴巴电子商务平台的贷前审批环节，阿里巴巴平台通过诚信通指数对申请贷款企业的信用状况进行提前预估；第三道防线是商业银行贷前审批环节
贷中环节	总行派风险控制官到各分支行，行使风险监督权；在贷款过程中，对于企业出现的可能影响贷款偿还的因素要及时发现并预警	贷款发放以后，电子商务平台和商业银行要继续通过在电子商务平台的交易记录等信息对申请贷款的企业以及联保小组成员进行实时跟踪
贷后环节	企业一般都处于同一地域、同一行业或者同一生意圈，由于地域相近、业务上有合作往来，实施贷后监督比较容易，且监督成本较低；如果企业违约不还款，银行将通过司法程序追偿贷款	贷款到期后，若小微网商能够履约还款，那么小微网商在阿里巴巴网站上的信用记录就会增加一个等级；若不能履约还款，其他成员基于连带责任机制帮忙还款，否则，阿里巴巴网站披露违约企业信息，阿里巴巴平台的信息披露制度加大了对违约企业的惩罚力度

通过上述对比可以发现，在引入了电商平台之后，通过电商平台的信息搜集能力、监督优势以及惩罚能力，网络联保贷款解决了传统联保贷款的两个重要问题，即银企之间的信息不对称以及贷后企业违约成本过低的问题。

在改善第一个问题，即信息不对称方面，相较于传统联保贷款，网络联保贷款在贷前环节增加了阿里巴巴平台对联保体中企业的审查，这就降低了联保体合作骗取贷款的可能，降低了银企之间的信息不对称程度。同时在贷中环节，阿里巴巴平台可以通过追踪贷款企业的经济数据来掌握企业的实际运转情况，及时发现运营中可能存在的风险，这就比传统联保贷款中的风险控制官进行调查得来的数据更加准确，而且成本也更低。

传统联保贷款的第二个问题是银行缺乏有效的惩罚手段，企业的违约成本过低。然而在网络联保贷款中，企业违约后会受到如表8-6所列惩罚措施的制约。

表8-6　　网络联保贷款惩罚措施

1. 违约企业在阿里巴巴平台网站的一切信息都将被关闭。会员企业将被关闭企业的诚信通会员账号，个人将会被关闭支付宝等账号
2. 根据中国建设银行的委托，阿里巴巴平台网站将会在雅虎中国、淘宝网等网站对违约企业进行互联网曝光，对企业名称等企业的一切信息进行披露
3. 违约企业将失去下次申请网络联保贷款的机会。第三方平台对于企业申请贷款的记录会有所保存。企业违约后，不良诚信记录会降低其诚信通指数，会提高其下次申请贷款的难度，更严重的，甚至会失去下次申请贷款的资格

从实际内容看，这一系列严重惩罚对于违约企业来说是“致命性”的，将导致企业无法在电子商务领域继续生存下去。总之，相较于传统联保贷款模式下，银行仅能依靠司法程序来追偿贷款，网络联保贷款模式下，违约企业会受到更严厉的惩罚。

四、网络联保贷款的局限及进一步创新

（一）网络联保贷款模式存在的问题

在具有前述优势的同时，网络联保贷款模式还存在一些问题，其中较为突出的有以下几个：第一，参与网络联保贷款的企业较少，覆盖面窄。网络联保贷款最初推出时，只是限于江浙地区的企业，随着网络联保贷款模式的推广，该种模式已经逐渐辐射到上海、山东等地。但是，在一些乡镇以及贫困地区的企业由于自身条件的限制仍无法申请网络联保贷款，因此该种贷款模式的辐射范围仍然有限。另外，有很多小微网商成长性较好，但是并不具有诚信通会员资格，这在一定程度上也限制了这些小微网商申请网络联保贷款。第二，信用约束力有待加强，网商存在制造虚假数据的动机。网络声誉机制是网络联保贷款模式下信息披

露制度的根本，只有建立起完善的网络声誉机制，在网络联保贷款模式下，信息披露机制的社会惩罚功能才能得到保障。商誉的重要性使得小微网商存在蓄意造假的动机。比如，在阿里巴巴平台注册时提供虚假企业信息，淘宝卖家通过虚假的交易记录来刷新自己的信用等现象。杜绝此类现象还需进一步完善平台的信息搜集处理系统。第三，守信激励措施还有待加强。在网络联保贷款中，对违约企业做出一系列惩罚规定，但是对于还款企业缺乏有效的激励措施，这在一定程度上降低了企业按时偿还贷款的积极性。在当前网络联保贷款模式下，对于守信企业下一期的贷款期限、贷款额度等尚未做出明确的优惠规定，这使得在该种贷款模式下，守信企业的信用价值得不到充分体现。

（二）网络联保贷款的进一步创新：网商贷

1.“网商贷”简介

2010 年，阿里巴巴停止了与建设银行在网络联保贷款上的合作。但阿里巴巴继续为小微网商、网商进行贷款服务的脚步没有停下，经过几年的发展，阿里巴巴旗下的蚂蚁金服集团成立了浙江网商银行股份有限公司，用于发放“网商贷”，为阿里巴巴卖家、淘宝天猫卖家以及支付宝用户提供贷款。浙江网商银行股份有限公司（简称浙江网商银行）是中国首批试点的民营银行之一，于 2015 年 6 月 25 日正式开业。浙江网商银行将普惠金融作为自身的使命，希望利用互联网的技术、数据和渠道创新，来帮助解决小微企业融资难融资贵、农村金融服务匮乏等问题，促进实体经济发展。浙江网商银行是中国第一家将核心系统架构在“金融云”上的银行。基于“金融云”计算平台，浙江网商银行拥有处理高并发金融交易、海量大数据和弹性扩容的能力，可以利用互联网和大数据的优势，给更多小微企业提供金融服务。浙江网商银行定位为网商首选的金融服务商、互联网银行的探索者和普惠金融的实践者，为小微企业、大众消费者、农村经营者与农户、中小金融机构提供服务[①]。

① 浙江网商银行介绍，https：//www.mybank.cn/about.htm。

“网商贷”是浙江网商银行为小微企业融资提供的一种纯信用、无抵押、还款灵活并且贷款额度下限低的贷款。“网商贷”具有如下特征①：第一，浙江网商银行以纯互联网方式运营，不设物理网点。浙江网商银行核心系统全部基于阿里自主研发的分布式架构的金融云计算和OceanBase数据库开发，降低了贷款服务成本。“网商贷”发放速度快，并且不受时间和空间限制。第二，专注小微金融、服务长尾客户。“网商贷”专注于小微金融服务，金额不超过500万元。其服务对象定位于“长尾”客户，包括广大的小微网商、个人创业者和普通消费者，特别是其中的农村消费群体。第三，建立互联网信用体系。传统银行贷款需要抵押、质押或者担保，但这些不太适用于中小微企业和个人消费者。“网商贷”不需要抵押，可根据小微网商的信用情况进行贷款。同时，小微网商在信用积累到一定水平之后，可以申请“信任付”，得到“先采购，后付款”的融资服务。浙江网商银行希望能够建立一套互联网信用体系，帮助用户发现、积累、创造和消费信用，最终让信用等同于财富。第四，运营方式架构在“金融云”上。浙江网商银行最大的特色是中国第一家将核心系统构架在“金融云”上的银行，也是世界上第一家完全去IOE②的银行。基于“金融云”计算平台研发的银行核心系统，让浙江网商银行拥有处理高并发金融交易、海量大数据和弹性扩容的能力，利用互联网和大数据的优势给更多小微企业提供金融服务。

2. “网商贷”的创新含义

与网络联保贷款相比，“网商贷”的创新含义主要体现在以下方面：第一，阿里巴巴平台继续利用了“阿里云”大数据平台，通过数据开发，对小微网商的交易数据等信息进行收集、汇总，利用自身所掌握的海量信息优势，逐渐建立起完善的信用评级体系。同时，加强了监管，减少了由于网络存在虚拟性而导致的信息虚假的可能性。第二，建

---

① 网商银行Techfin背后的小微贷款经——60%小微企业一年贷款超50次［N］. 信息时报，https：//www. mybank. cn/about. htm.

② “去IOE”是阿里巴巴造出的概念。其本意是指，在阿里巴巴的IT架构中，去掉IBM的小型机、Oracle数据库、EMC存储设备，代之以自己在开源软件基础上开发的系统。

立守信企业激励机制。一方面，阿里巴巴对违约企业建立了严厉的惩罚机制，增加了预期罚金，逾期会对下次的申请造成影响；另一方面，也对守信企业建立一定的激励机制，比如，阿里巴巴平台可以出台相关规定：信用水平积累到一定程度的商家可以申请浙江网商银行的“信任付”服务。第三，“网商贷”的服务范围扩大到全国。“网商贷”的服务对象将不会受限于特定的省份。“网商贷”的服务对象既包括天猫、淘宝卖家，也包括阿里巴巴中文站/国家站卖家，也包括了农村地区参与村淘合伙人的商家。服务范围的扩大，意味着贷款发放金额的大幅增加，数据显示，截至 2016 年 2 月底，“网商贷”为超过 80 万家的小微企业提供了服务，贷款总额超过了 450 亿元。第四，阿里巴巴摆脱了对传统银行的依赖，自己建立了网商银行，为贷款提供资金。浙江网商银行的资金主要来源是蚂蚁金服旗下的理财产品及其他公司的投资。从三方参与变为两方参与之后，“网商贷”的审批成本显著降低，审批速度明显提高。

五、网络联保贷款制度变迁的回顾与总结

阿里巴巴集团的网络联保贷款模式是阿里巴巴在贷款领域的初步尝试，阿里巴巴与建设银行在 2007 年签订合作协议，后来两者分手。虽然网络联保贷款现在消失了，但其对阿里巴巴网络贷款的发展起到了重要的作用。网络联保贷款的变迁过程总结如下：①

数据积累期（2002—2007 年）：阿里巴巴通过“诚信通”、淘宝等产品积累商户原始数据，为小贷风险管理打好基础。阿里巴巴在 2002 年 3 月推出了“诚信通”业务，主要针对的是会员的国内贸易。阿里巴巴雇用第三方对注册会员进行评估，把评估结果连同会员在阿里巴巴的交易诚信记录展示在网上，帮助诚信通会员获得采购方的信任。在 2004 年 3 月，阿里巴巴又推出了“诚信通指数”，用以衡量会员信用状

---

① 36 氪的朋友们．阿里小贷的前世今生［OL］//阿里巴巴金融二三事（一），http://36kr.com/p/205535.html.

况，这也成为了阿里巴巴信用评核模型的基础。同时在 B2C 端，淘宝规模大幅增长（截至 2007 年交易量已超过 400 亿元），这也为阿里巴巴累积了大量数据。

网络联保贷款时期（2007—2010 年）：阿里巴巴与建设银行、工商银行深入合作放贷，同时建立信用评价体系、数据库以及一系列风控机制。2007 年阿里巴巴与建设银行、工商银行合作先后分别推出“e 贷通”及“易融通”贷款产品，主要服务于中小电商企业。阿里巴巴相当于银行的销售渠道及信息提供商，帮助银行评估信用风险的同时也挖掘了一大批潜在借贷者。

阿里小贷时期（2010—2014 年）：2010 年阿里巴巴开始自建小额贷款公司，以小微企业为主要服务对象。阿里巴巴于 2011 年正式中断与建设银行、工商银行的合作，独立发展信贷业务。阿里巴巴于 2010 年及 2011 年先后成立了浙江阿里巴巴小额贷款股份有限公司及重庆市阿里巴巴小额贷款有限公司，注册资本分别为 6 亿元及 10 亿元。阿里小额贷款正式成立，开始向部分城市的淘宝或阿里巴巴平台的电商企业放贷。此后，阿里小额贷款又实施了多轮资产证券化项目，扩充了它的贷款额度。

网商银行时期（2015 年至今）：中国银监会 2014 年 9 月 29 日发布消息称，同意浙江省杭州市筹建浙江网商银行。2015 年 6 月 25 日，作为银监会批准的中国首批 5 家民营银行之一，由蚂蚁金服作为大股东发起设立的浙江网商银行股份有限公司正式开业。监管部门的批复显示，浙江蚂蚁小微金融服务集团有限公司认购该行总股本 30% 的股份，上海复星工业技术发展有限公司认购该行总股本 25% 的股份，万向三农集团有限公司认购该行总股本 18% 的股份，宁波市金润资产经营有限公司认购该行总股本 16% 的股份。浙江网商银行主要是在蚂蚁金服旗下蚂蚁微贷的基础上组建而成，基于金融云计算平台，同时拥有处理高并发金融交易、海量大数据和弹性扩容的能力。浙江网商银行定位为网商首选的金融服务商、互联网银行的探索者和普惠金融的实践者，为小微企业、大众消费者、农村经营者与农户、中小金融机构提供服务。截至 2017 年 1 月末，浙江网商银行及其前身阿里小贷服务的小微经营者就超过 500 万，累计放款金额超过 8 000 亿元，且不良率低于 1%。

导致小微企业融资贵和融资难问题的主要因素，表面上看是缺乏担保，深层原因则是信用信息的披露与治理手段不足。这就要求金融机构必须能够建立一套尽量与社会环境及行业特征相适应的信用体系，帮助用户发现、积累、创造和消费信用，最终让信用变成财富。浙江网商银行利用阿里巴巴 B2B、天猫、淘宝、支付宝以及合作平台上客户积累的信用数据及行为数据，依托云计算和大数据技术，汇总出 10 万多项指标体系，创建 100 多个预测模型和 3 000 多种风控策略。同时引入网络数据实现在线资信调查，并用交叉检验技术辅以第三方验证确认客户信息的真实性，将客户在电子商务中的行为数据映射为企业和个人的信用评价，让小微企业的价值及信用得到更好的体现①。这些风控技术让小微企业不用担保和抵押，凭借信用就能贷款，也有效地将贷款不良率控制在 1% 以内。目前，浙江网商银行基于大数据对小微企业的授信可以实现三分钟申贷，一秒钟放款，全程零人工介入，大幅降低了信贷成本，提高了放款效率，提升用户体验的同时有效地促进了金融普惠。

网络联保贷款为阿里巴巴进军金融行业，提供了丰富的风控经验，也让阿里巴巴看到了网络贷款成功的可能性。在网络联保贷款中，银行主要作为资金提供方，阿里巴巴则充当了信息中介的角色。虽然网络联保贷款模式消失了，但阿里巴巴构建的“网络社区”却得到了进一步发展，与此相应的信息生产能力、监督能力以及惩罚能力也得到了加强。

思考与讨论

1. 简述网络联保贷款的运作原理。
2. 网络联保贷款与传统联保贷款在交易属性方面发生了什么变化？
3. 电商平台的加入有助于解决传统联保贷款中的什么问题？
4. 简述网络联保贷款制度的变迁过程。

---

① 黄浩. 互联网银行的普惠金融实践［J］. 清华金融评论，2017（5）.

第九讲 “跑步鸡”扶贫贷款创新案例分析

摘要：有机农业能够同时满足高端消费需求与生产者的收益诉求，因而蕴含了社会福利增加，但长期以来却面临着来自锁定环节的困难，即在信用水平与诚信先验概率不够高的情况下，始终缺乏既能甄别或发送质量信号，同时成本又足够低的实现手段。本部分在对京东“跑步鸡”贷款项目的背景、运行流程与风控机制进行梳理的基础上，分析了京东通过引入计步器和全天候摄像头等技术设备，实现合作策略纳什均衡、锁定潜在福利的机制与过程。

关键词：京东、金融扶贫、“跑步鸡”贷款、计步器、摄像头

一、研究背景：一则新闻报道引发的思考

“求助，剑河县南明镇贫困户的几万只鸡滞销，贫困户们急求销路！”一则由贵州省剑河县南明镇副镇长张柱亭发出的求助信息，在网上引发了广泛关注。

南明镇有近百个养殖户饲养土鸡，其中贫困户 40 余户。接近年底，南明镇 3 万只土鸡集中出栏。但由于缺乏品牌及销售渠道，当地市场能够消化的销量有限，一时间如何卖出这些土鸡，成了当地农民最头疼的事。

贫困户的困境牵动着千万人的心。在获知剑河土鸡滞销的消息后，京东集团首席执行官刘强东立刻表示：“全部采购入仓，京东负责包销了！”京东生鲜事业部、特产馆、乡村业务部、公益众

筹、市场营销、集团行政、西南区域等部门连夜行动，落实土鸡包销的各项工作。

今年9月，在贵州省商务厅等部门指导下，京东贵州扶贫特产馆成立，并重磅推出了“我有贵州一亩茶”众筹活动，不到一个月时间完成众筹额400万元。贵州扶贫馆已成为推动贵州农产品利用线上途径走向全国的重要通道的桥头堡。为了快速帮助剑河土鸡外销，贵州扶贫馆负责土鸡的收购、宰杀、包装、冷冻等环节，在最短的时间内完成商品上线，仅一天多时间即售出近3 000只。“双十二”促销当天，京东营销部门在第一时间安排了手机秒杀专区广告位、无线APP快报、京东超市广告位等黄金促销资源，全力支持剑河土鸡销售。京东30万乡村推广员快速动员，线上海报传播、京东乡村APP专题广告位支持，并针对贵州地区的乡村推广员加强推广引导，以缩短销售半径，加快销售速度。京东生鲜部门在当地快速落实采购入仓、生鲜冷链对接，以保证接下来全面包销的高效支持。京东集团行政部门安排员工食堂一次性采购2 000只……后续，京东将持续投入资源，帮助剑河县销售土鸡，提升品质、打造品牌，并通过“京农贷”等金融项目帮助剑河县打造可持续发展的土鸡养殖、加工、销售产业，实现扶贫的可持续化。

这已经不是京东第一次快速响应贫困地区特产销售难问题。10月中旬，京东接到甘肃省庆阳苹果销售难的信息，即在第一时间集合京东生鲜、集团行政等多部门，以员工福利采购、“美食地图·庆阳生鲜馆”店铺促销推广等多种形式，在短时间内支持销售庆阳苹果50万斤，帮助庆阳果农渡过难关。

“双十一”期间，刘强东直播下厨做菜，用京东金融扶贫项目饲养的“跑步鸡”做大盘鸡，同样让人记忆犹新。京东扶贫“跑步鸡”是为贫困农户提供“京农贷”免息贷款，农民在京东农资平台上购买鸡苗和农业生产资料，采用生态散养模式养殖柴鸡。首批扶贫“跑步鸡”上市即一售而空，每个贫困户平均能增收3 000元。京东通过全力投入，与有志于产业扶贫的龙头企业紧密合作，正在打造电商精准扶贫的创新模式。

（资料来源：刘强东一声令下　京东包销贵州剑河贫困户滞销土鸡［OL］.（2016-12-12）http：//www.chinanews.com/cj/2016/12-12/80.）

以上实践不仅具有重要的现实意义，还具有深刻的学术内涵。比如，在人们对食品安全充满疑虑的当下，京东集团在扶贫贷款项目管理中，是如何让消费者相信“跑步鸡”的质量的？京东集团究竟“做对”了什么？带着这些问题，本讲梳理了京东“跑步鸡”贷款的基本业务内容，并从金融合约创新的角度对其进行了分析。

二、京东扶贫战略与“跑步鸡”贷款简介

（一）项目实施背景：京东的扶贫战略[①]

2017 年 3 月 5 日的政府工作报告明确指出，要深入实施精准扶贫、精准脱贫。早在 2016 年 1 月国务院扶贫办与京东集团就签署了《电商精准扶贫战略合作框架协议》，双方将共同探索“产业扶贫、创业扶贫、用工扶贫”三种模式，力争在“十三五”期间打造 200 个扶贫示范县。而在尚有 12 000 多个贫困户、缺乏优势产业的国家级贫困县河北衡水武邑县落地“跑步鸡”项目，正是京东扶贫探路的先行之举。而对武邑县来说，其林地资源丰富，平均每人拥有一亩林地，发展林下养殖具有资源优势。同时，随着互联网、大数据、云计算、区块链等信息技术的高速发展，“互联网+扶贫”、绿色生态扶贫、特色产业扶贫等创新模式为国家“精准扶贫”战略带来了很多新的借鉴。作为“互联网+扶贫”的重要践行者，京东众筹已经在农业、助学、大病救治等方面走出了一条特色之路，成为“精准扶贫”的模范案例。2016 年 11 月

① http：//www.twwtn.com/detail _ 226554.htm；http：//www.ce.cn/cysc/tech/gd2012/201703/15/t20170315_21018441.shtml。

7日由京东集团首席执行官刘强东和腾讯公司首席执行官马化腾发起的一项公益活动，号召网友共同捐赠出每天的微信运动步数，每累计到10万步，将由京东生鲜为贫困地区的农民捐出一只鸡苗，拿到鸡苗后，农户可在指导下进行绿色饲养，养成后京东将回购并在京东商城出售，借此帮助农户通过养殖实现脱贫致富。截至11月8日上午11点，短短10个小时，已经有近2万名网友参与了活动，捐出的步数接近2亿步，京东已经匹配捐出了1 900多只鸡苗。①

1. 引入“互联网+”技术

据统计，当前全国仍有7 000多万的农村贫困人口。受限于地理、交通，以及当地产业链不完整等各种因素，国内很多偏远的农村地区几乎处于与外界隔绝的状态，经济状况长期未得到明显改善。在信息技术大潮的推动下，“互联网+”思维为扶贫带来了新的思路。全国人大代表王利平建议，加快构建基于“互联网+”的精准扶贫信息系统，运用互联网技术，整合各类扶贫动态数据，精准识别扶贫对象。京东副总裁李曦表示，京东将从三大层面着手，助力贫困地区快速建立致富的能力。第一，帮助农产品走出去。偏远农村农特产品销售面临的最大困难，就是产品如何走出去的问题。京东可以利用强大的物流网络、电商平台帮助这些农特产品走出大山，走出贫困地区，走到城市居民的家中，免去中间商或中间渠道。第二，扶贫是一项系统工程，不能只着眼于解决一时的困难，不仅要授人以鱼还要授人以渔，除了商品售卖，京东将建立涉农电商服务生态体系，联合更多社会培训资源，为贫困青年群体提供种养殖技能、电商技能培训服务，协助贫困县政府加强实用性培训，培育更多农村农业和电商人才队伍，从根源上提升农户的技能，让电子商务切切实实帮助他们致富。第三，帮助农户做大做强农产品品牌。很多农产品非常好，长在山清水秀的地方，没有任何污染，但是很多农户并不知道怎么做营销，怎样打出品牌，怎样卖出高价。京东利用自身优势，直接帮助贫困地区的农特产品注册品牌，在京东平台上进行

① http：//news.163.com/16/1108/14/C5BVLJL1000187V5.html。

品牌推广，帮助这些农户能够将其卖出更好的价钱。

另外，京东还吸引了60多个贫困县在京东平台开特产馆，特产馆每月能达到3 000万元左右的销售额。除了平台、技术及品牌方面的支持，针对很多农户进行农业生产时缺乏资金的现状，京东专门设立了针对扶贫的金融产品“京农贷”，通过金融创新帮助农户解决资金需求的问题。

2. 以京东众筹创新扶贫模式

基于雄厚的大数据和信息技术优势，京东众筹为很多贫困农户打开了希望之门，通过产品众筹、股权众筹、众创生态，以及众创投资基金四大体系，从事农产品生产的贫困农户不仅可以得到产品包装、展示、营销服务，还有机会将个体企业做大做强，走向资本市场，彻底实现扶贫从“输血”到“造血”的转变，保证扶贫效果的持续性。

贫困农户多在交通不便、信息闭塞的偏远农村，对于他们来说，信息渠道不通、缺少市场意识和品牌观念，也很难找到对口的销售渠道。基于这一现实，京东众筹的优选板块上线“消费扶贫”项目，通过该项目，京东众筹不仅帮助他们根据产品属性进行科学包装，还可替他们搞营销找渠道。到目前为止，已经帮助上千农户实现了品牌突围和农产品的价值提升。例如，京东众筹曾配合共青团中央扶贫工作队帮助陕西省吕梁山区石楼县的地方蜂蜜完成品牌塑造，并帮助“粤北粮仓”粤北韶关山区的乐昌市廊田镇的“美香粘”稻米成功打开销路。

此外，为了帮助农户达到更好的农产品品牌塑造，京东众筹还联合中国运动员教育基金共同打造了“优冠臻品”冠军公益扶贫项目，该扶贫项目结合贫困地区的自然优势，致力于对贫困地区的农副产品进行形象宣传，通过世界冠军的代言，使贫困地区的优质绿色有机产品得到高效推广，让农民直接受益。

3. 依托区块链技术让扶贫更透明①

除了运用“造血”模式帮扶农村贫困人群脱贫致富，京东众筹还

① http：//news.163.com/17/0302/02/CEG5COV600018AOP.html。

一直致力于关注偏远地区儿童和弱势群体的入学、就医，以及生存难题。近日，京东众筹推出了“暖东”京东公益互联网资金募捐信息平台，这是经民政部认定的首批慈善组织互联网募捐信息平台之一，致力于推动中国公益事业发展、传递正能量。基于京东大数据基础、区块链技术、风控管理能力、过亿用户及海量供应商优势，“暖东公益”不仅要成为一个优质的互联网资金募集平台，更是一个能够提供志愿者服务的公益平台。“暖东公益”希望能够成为受助者和爱心捐赠者之间的桥梁和纽带，为社会传递温暖正能量。“暖东公益”是基于移动端的公益募捐平台，用户在京东金融 APP 的生活频道、京东众筹微信服务号、京东金融网页端的众筹频道都能找到相关链接进入。为了保证爱心人士所捐赠的每一分善款都能物尽其用，“暖东公益”还采用了互联网区块链技术，实现了用户捐赠和基金会提取款项的时间和金额实时展示，对每一笔善款的使用情况及帮扶进展进行全程追踪，让每一份爱心发挥最大的价值。

（二）京东“跑步鸡”简介

性情活跃是京东“跑步鸡”区别于市面其他肉鸡的特色。按照刘强东的说法，符合京东要求的“跑步鸡”必须放养，每只鸡的脚上都有计步器，要跑够一百万步以上。对满足以上要求的跑步鸡，京东承诺以当地售价三倍的价格回购。“跑步鸡通常要养到 160 天左右，长到三四斤，才可以出栏。相比之下，市面上肉鸡的养殖周期不超过 45 天。”目前“跑步鸡”按照不同规格在京东有 128 元、168 元和 188 元三档售价。

1. 如何饲养“跑步鸡”

京东的“跑步鸡”是太行柴鸡，该品种耐粗饲、喜奔跑、喜运动，据介绍，“跑步鸡”全部为 60 天日龄的公鸡鸡苗，单只鸡苗成本接近 20 元，远高出市面价格，养鸡饲料也是通过专家进行专业的营养搭配，确保鸡苗的健康成长。在每 10 亩林地为一个区域的“跑步鸡”养殖区里，一行行杨树林成为“跑步鸡”生活的乐园。区域之外，偶尔也能见到一些飞出护栏、踩着方步的“跑步鸡”，最大程度还原了鸡的原始生活方式。

“跑步鸡”获得了“皇帝般”的待遇。它们在树林中自由漫步，吃的是青草、野豆子、昆虫和草籽，同时，在每日两餐的特制食料里含有钙、磷、钾等微量元素，食料中保证不含任何兽药和激素。此外，“跑步鸡”还享受着一周三次的应季水果蔬菜“零食”、每个鸡舍内实时摄像头的全天候监控、数只大白鹅的巡逻看护。

2. 京东“跑步鸡”项目的运行情况

2017 年 3 月底，新一批 60 天日龄的鸡苗来到了“跑步鸡”乐园，总共 5 200 只。相较于过去的批次而言，这一批鸡苗的数量基本等同于上一年年养殖的峰值，也意味着京东“跑步鸡”项目规模正在逐渐扩大。扶贫“跑步鸡”作为武邑县贫困户参与度最高的项目，目前已有近 700 个贫困户与京东签订了养殖合作协议，200 余户家庭计划签约。据统计，单一扶贫“跑步鸡”项目的参与农户比例约占全县贫困户的 10%。

除去提供常规性的扶贫补助之外，“跑步鸡”项目也尽可能地吸引其他贫困户的参与，以提升贫困户获得感。比如，当年菠菜出现滞销，但菠菜恰好是“跑步鸡”的应季零食，“跑步鸡”乐园按照 0.3 元/斤的价格收购菠菜，缓解了菜农的困境。时至 2017 年 5 月，“跑步鸡”项目已启动一年。一年期间，三批“跑步鸡”几乎被抢购一空，相关贫困户也按时拿到扶贫款项。而在京东生鲜事业部相关负责人看来，这一切还只是个开始。京东在不同地区采用差异化的养殖品种，如泗洪养鸭、濮阳肉羊等扶贫项目也在陆续进行。①

（三）“跑步鸡”贷款的基础模式介绍：京东“京农贷”

京东“京农贷”是京东金融为用户提供的用于购买农业生产资料的贷款服务，其主要类型如表 9-1 所示。

---

① http：//www.x1gy.com/gd/2017052734090_2.html。

表 9-1 “京农贷”主要类型①

名称	产品简介	产品优势
先锋京农贷	兴农先锋，粮好服务；为种植环节的生产资料需求提供融资贷款，帮助农民增产增收	1. 满足扩大种植所需资金，生产无忧 2. 还款方式灵活，利息按天计算
仁寿京农贷	依托农产品收购订单，为订单农户提供生产所需的流动资金贷款	1. 农户直接获得现金贷款，使用灵活 2. 农户可以通过订单履约偿还贷款本息
养殖贷	探索“互联网信贷+保险+担保”的模式，为“新希望六和”产业链上下游的农户提供贷款支持	1. 满足养殖农户生产所需流动资金和固定资产贷款 2. 还款方式灵活，按日计息，到期利随本清 3. 保险和担保共同提供外部增信，提高风控管理能力

京东对申请“京农贷”的客户，事前就违约金收取、审核时间、贷款金额、申请条件做了详细说明，如表 9-2 所示。

表 9-2 “京农贷”条款说明

条款	条款说明
违约金收取	违约金=应付未付金额×违约金比例×违约天数，违约金比例为每日 0.05%
审核时间	1～7 个工作日
贷款金额	1 万～500 万元，根据产品和贷款用途的不同，额度会有不同，实际的贷款金额以京东金融最终审批结果为准

① http：//nj. jd. com/。

续表

条款	条款说明
申请条件	目前只有试点地区农户可以申请，“先锋京农贷”首批只对山东地区先锋种子种植户开放；“仁寿京农贷”首批只对四川仁寿地区的枇杷种植户开放；“养殖贷”只针对新希望旗下普惠农牧融资担保有限公司体系内的农户开放；“京农贷”还向汇源濮阳羊业有限公司、平顶山现代养殖专业合作社总社、新疆建设兵团等企业的农行开放个人贷款业务；京东“跑步鸡”扶贫贷款目前只针对河北衡水武邑县的贫困户开展，其他区域目前尚未开通。其他用户可以点击申请贷款，京东金融会根据申请数量选择开通该地区的“京农贷”业务

三、“跑步鸡”贷款的基本流程与风控机制

（一）“跑步鸡”贷款的基本流程

1. 贷款申请与审批

目前该项目主要由当地政府与合作社来统筹管理，将他们共同筛选出的符合条件的贫困户作为合格申请人报给京东，再由京东做最终审核。只有贫困户[①]才可以申请京东“跑步鸡”贷款。扶贫办为贫困户建档立卡，京东与贫困户事先签署购销合同，约定以 100 元/只的价格，对饲养合格的“跑步鸡”进行收购并通过电商渠道销售。贫困户与京东签订养殖合作协议，相当于提交贷款申请。具体贷款流程如图 9-1 所示。

2. 安装养殖设备与发放贷款

“跑步鸡”的养殖合作方式包括以下两种：第一，贫困户加入合作社由合作社统一饲养，即农户将“跑步鸡”寄养在合作社，由合作社

① 2017 年河北省贫困户标准，由 2016 年的 3 026 元上涨至 3 300 元。

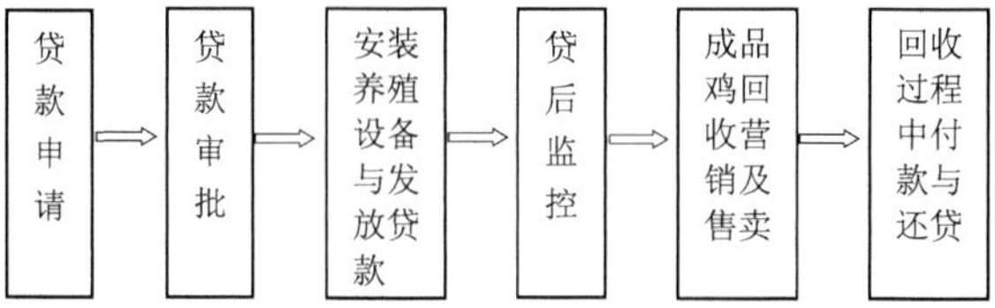

图 9-1　贷款基本流程

在“跑步鸡”养殖区统一饲养，产业园的合作社中安装有相应的监控设备。因此，自身不具劳动力，因病、因残、因老致贫的贫困户，也可参与。第二，农户自养。即获得申请贷款后，自己在家中饲养“跑步鸡”，由京东提供相关的培训、教育工作，鸡苗、饲料等也由京东提供。当地一位资深电商人士则认为，比起农户自营，合作社的形式更便于把控，因而更具优势。在贷款发放方面，京东与当地政府合作，建立扶贫产业园，贷款申请通过后，京东农村金融“京农贷”为农户提供 4 500 元的免息贷款作为养殖基金。这笔资金由京东金融直接支付给当地“跑步鸡”管理合作社，由合作社购买鸡苗、生产资料。

3. 贷后监控

得到贷款后，经过企业和当地政府培训的贫困农户，在农资平台上购买鸡苗和农业生产资料，养殖当前消费者需求量比较大的纯天然、生态型太行柴鸡。目前“跑步鸡”乐园的鸡群出栏率大约在 95%，这相对于其他鸡场而言已属高水平，然而，为了确保每个贫困户扶贫款项到位，“跑步鸡”项目还为鸡群上了保险。对于参加合作社的贫困户，农户将“跑步鸡”寄养在合作社，由合作社在“跑步鸡”养殖区统一饲养。对于自养“跑步鸡”的农户，京东为农户提供统一培训、饲料，通过计步器进行监督。

4. 成品鸡回收、营销及售卖

“跑步鸡”贷款项目主要通过京东采购与销售体系完成成品鸡的回收、营销和售卖。“跑步鸡”起初仅在北京地区销售，随后拓展到上海、广州，如今在成都、武汉、沈阳等城市均有销售，大部分产品在上线后一个月内就被抢购一空。“跑步鸡”的营销方式如表 9-3 所示。

表 9-3 “跑步鸡”营销

营销类型	营销方式
正宗土鸡营销	每只鸡的脚上都有计步器监督，跑够一百万步以上方可销售；饲养过程使用摄像头监控，“跑步鸡”在饲养过程中享受着一周三次的应季水果蔬菜“零食”
食品安全营销	到了出栏时间，成鸡将被送往通过京东生鲜验收标准的屠宰场，对每只屠宰的鸡做检测，达到安全标准（GB 16869—2005《鲜、冻禽产品》）再由京东生鲜部门回收。“连包装也是经反复测试过的，特别结实，一个人站上去也没问题，”相关负责人员介绍，“我们就是觉得，鸡的品质好，相对应地，周边材料也要好，这样的产品送到用户手上，才可以称得上是具有品质的产品”
食用营销	京东在其售卖网页①提供如何烹饪的方法与建议，以使得消费者吃到的鸡肉口感更好

5. 回收过程中的付款与还贷

参与合作社与自家散养的农户，养殖完成后，都是通过合作社由京东生鲜回收“跑步鸡”，并按照每只鸡 100 元的价格向合作社支付回收款，合作社与京东联合抵扣先期发放给贫困户的免息贷款，再除去养殖环节的费用，京东留有微利，以保证扶贫项目的可持续发展。对参与合作社的农户，合作社再将单鸡 30 元标准的扶贫款项支付给贫困户。对自家散养的农户，收益高于合作社养殖，扣除农户购买鸡苗、饲料等的总支出后，预计每只鸡达到 40～50 元。

（二）“跑步鸡”贷款的风控机制

在传统的土鸡售卖模式下（见图 9-2），缺乏低成本的令人信赖的信息披露机制。而京东“跑步鸡”模式（见图 9-3）则增加了质量显示机制，如计步器、饲养监控。这两种模式分别使消费者对售卖的土鸡是否为真土鸡产生了不同的先验概率。显然京东“跑步鸡”模式比传

① https：//item. jd. com/3742103. html。

统售卖模式提供的土鸡更令消费者信赖。

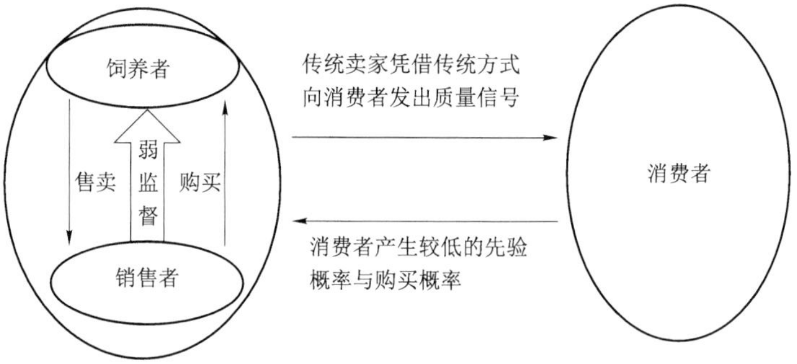

图 9-2　传统土鸡售卖模式

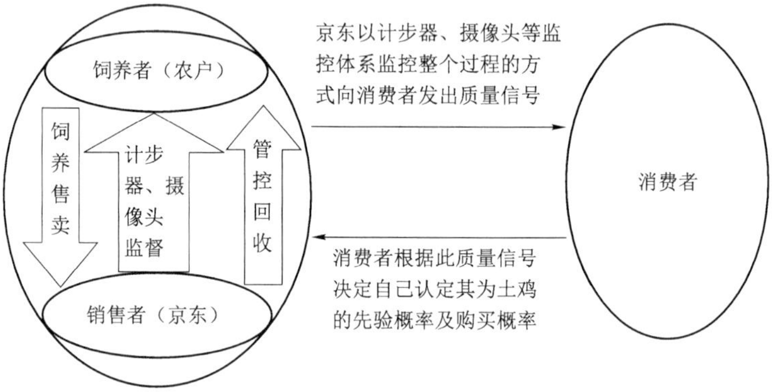

图 9-3　京东“跑步鸡”的生产组织和售卖模式

1. 计步器的运行方式及其放养模式的监控作用

在“一物一码，全程溯源”的管理原则指导下，每只“跑步鸡”都佩戴防伪溯源脚环，并有唯一的身份识别信息。手机扫描脚环的二维码，即可实时获得“跑步鸡”运动方面的信息。计步器在其中的经济学含义在于，它解决了传统模式下“京东商城消费者—京东—养殖者”三个主体、两环节交易中的质量信息验证成本过高的问题。换句话说，计步器的引入，让土鸡质量具有了可验证性，三方都可验证，故而两环节交易均变成了完全合约。这样一来，养殖者之于京东的道德风险，京东之于消费者的道德风险得到了极大缓解。在运动建康这个虽然不是唯一但却非常重要的维度上，计步器系统的引入使得贷后的养殖管理，从不完全合约变成了完全合约。

2. 全天候摄像头的运行方式及其喂养过程监控

“跑步鸡”享受着一周三次的应季水果蔬菜“零食”，每个鸡舍内进行实时监控，可以通过监控系统的回放功能密切关注鸡的近况。京东指出未来希望能够配置监控、报警、检测等一套智能系统，力求通过更少的人力实现“跑步鸡”项目的自动化发展。

全天候摄像头可以解决水果蔬菜饲料等方面的道德风险问题。现实中，陌生人之间远程商品交易最大的障碍是相互不信任。互联网技术的发展，为低成本发送质量信号提供了可能。为“跑步鸡”的喂养过程安装摄像头监控，能够使厂商低成本地向消费者提供可置信承诺，消费者也能低成本地获取相关的信息并加以验证，从而使得厂商与消费者实现了合作均衡。

四、可行性分析

如果一个项目存在潜在的福利改善空间时，该项目就有可能被实施。而当项目的实施者能够通过一定的制度安排将潜在的福利锁定，实现项目的收益大于成本时，该项目就会被实施。我们将“跑步鸡”扶贫项目的收益做如下界定：

社会总收益=企业利润+企业主扶贫所获满足感+消费者剩余+消费者扶贫所获满足感+政府收益+贫困户利润

其中：企业利润指企业投资该项目的资金收益与企业投资该项目的资金成本的差额，企业主扶贫所获满足感代表因帮助他人而获得的内心幸福感，政府收益指政府因改善贫困户生活而获得的政绩回报。不难判断，只有出现了性价比更高的技术和设备，企业和农户的成本才可能下降。

（一）“跑步鸡”扶贫项目的潜在福利空间

1. “跑步鸡”项目的潜在利润空间

农村高质量的产品不能被提供出来的内在原因是，高质量产品只有实现与低质量产品的分离均衡，其高成本才可能被高价格覆盖。传统管理模式未能提供出被消费者、经销商与农户共同认可的质量信号披露机制。然而，城市消费者有对高品质产品的需求，而农村也有提供高质量土特产的能力，如果能够促成二者之间的交易，京东就能从中获取平台收益，消费者能获得消费者剩余，农户也能获得收益，由此形成互利共赢的经营模式。

对京东来说，扶贫项目能提高京东的企业知名度，能够促进京东旗下其他产品的销售，这相当于企业自身品牌建设。扶贫能提高京东员工的企业认同感，有京东员工提到，“在开始挨家走访与乡亲们聊天时，我的手一直被乡亲紧紧地攥着，我切身地感受到他们对脱贫的渴望，也为自己代表京东担当的社会责任感到自豪”。一个企业想做强、做大，必须有一个高尚的企业文化来引领、激励员工，因为企业对员工无法做到完全监督，很多岗位的工作无法实现完全合约，在员工具有投机动力的情况下，企业与员工之间无法实现合作策略均衡。而通过企业文化的建设，让员工觉得自己的工作除了获得收入之外，还有其他精神层面的收获，这有利于提高员工工作的自觉性。

对农户来说，诚实农户辛勤付出所生产的高质量产品可以通过质量显示机制被市场认可，并获得经济收益。对政府来说，通过扶贫减少贫困户，政府既能获得政绩又能通过减少贫困群体增强社会稳定，能够促进社会整体的进步。

2. 潜在的非货币化收益

京东能做出“跑步鸡”这样的项目，跟创始人刘强东的农村情结紧密相关。从小生活在贫困农村的刘强东，对农民生活的困苦十分有感触，他父母常年跑船，虽然辛苦却赚不到多少钱。在互联网时代，京东迅速发展，成为中国与BAT（百度、阿里巴巴、腾讯三大公司首字母缩写）并列的互联网公司。京东在扶贫方面的作为，也有助于提升其社会形象。另外，由于绝大多数消费者都有同情弱者的情怀，并会对承担社会责任的企业产生更多的认同感，因而京东扶贫知名度的提高，客观上还能够促进京东经营业绩的提升。

（二）对潜在福利的锁定

“跑步鸡”项目的潜在福利源于“‘好农民’愿意养好鸡，有消费能力的消费者愿意高价买好鸡”，但由于互不信任，“农民养好鸡、消费者出高价”的合作策略均衡就无法实现，只能得到“农民养普通肉鸡、消费者出低价”的非合作均衡。合作在这里指的是都从社会最优角度出发选择策略所形成的均衡。前后两个均衡的社会福利水平之差，就是这项业务创新蕴含的潜在福利，就是“创新红利”。实现或锁定这个“创新”红利，就是要能够找到以较低成本把非合作均衡转化为合作均衡的手段。就售卖土鸡来说，即较高性价比的土鸡质量显示机制，包括两个要点：一是计步器、全天候监控以及它们背后的数据处理系统，例如云数据库或云计算等，二是足够低的实施成本，就是实施成本要下降到低于以上两种均衡福利水平之差的程度。

潜在福利的锁定机制与以下背景相关：第一，信息与互联网技术的发展降低了质量显示机制的实施成本，购物网站Ben's Bargain 2013年的调查显示，2013年主要电子产品的价格大幅下降，仅为1983年价格的0.7%～6.8%。第二，京东产业链及营销渠道的规模经济优势，降低了该项目中间环节的流通成本。作为目前国内规模最大的自营电商企业，京东与同行业竞争的手段之一就是依赖其自营物流体系，它是中国目前最大和最先进的电子商务物流中心之一。自营配送的优点主要在于便于自身管理，增加服务品质，如加快送货速度，提供特色服务。这种自营物流体系，尤其适合配送“跑步鸡”这类对保质、保鲜要求高的产品。京东在2015年年初提出了农村电商发展的“3F战略”，即工业品进农村战略、农村金融战略和生鲜电商战略。京东的特产馆由地方政府、京东集团、企业共建协作平台，三方共同构建区域特产发展链条。售前阶段，在当地政府推荐特产基础上充分调研地方特产，审核把控产品品质。售中阶段由地方企业运营推广，京东集团负责提供专业指导并在售后阶段开展品质回访、保障服务等。目前，京东已经在全国省、市、县三级行政区建立了近400家特产馆，海量的农产品通过京东平台走向千家万户。[①] “跑步鸡”作为特色农产品，其推广销售可融入到京东现有的农产品销售中，从而实现规模经济。

五、建议与前瞻

（一）可能存在的问题与改进建议

虽然“跑步鸡”贷款取得了诸多成效，但也存在着一些问题，本文选取了以下三个问题进行讨论：第一，不少“资本下乡”型专业合作社，仅仅是为了获得土地流转的便利以及带着合作社帽子“套取”政府补贴。无论是政府扶贫资金投入效率还是农村经济社会发展，都还存在很大的提升空间。为此，必须要加强农村的社会建设，切实提高农民的组织化程度，以社会建设促进经济建设长效机制的形成。第二，参加养殖合作社的贫困户与合作社的养殖责任划定不够明确。即使有明确的划分，如果让农户负责其自家的鸡，则合作社难以进行统筹管理；若无需农户负责，则存在农户无需付出即可获取收益的问题。为了解决这一问题，合作社可考虑让有劳动能力的社员做一些力所能及的工作，如清理鸡场、切割蔬果饲料等，以充分利用闲置劳动力并实现专业分工。第三，对于自家养殖“跑步鸡”，若给每家的鸡舍安装一个摄像头，则成本太高，难以利用摄像头的规模经济；若不给每家的鸡舍安装摄像头，则饲养过程难以监控。且自家养殖时，经常把鸡放到菜地等地方，用摄像头进行全方位跟踪，成本过高。

---

① http：//news.163.com/17/0314/04/CFFBJ2QA00018AOP.html。

在改进建议方面，一是要通过组织建设来支撑和引导农户扩大养殖规模、降低平均成本，二是要关注并积极引入新的性价比更高的技术手段。据创业邦 2017 年 6 月 21 日报道，由众安科技扶持的区块链公司——连陌科技，用区块链技术养鸡，并推出“步步鸡”。连陌科技基于区块链不可篡改等特点，保证每只鸡从鸡苗到成鸡、从鸡场到餐桌的过程中，所有产生的数据都被真实记录，真正实现每只鸡的防伪溯源，为农产品的品质提供更高的可信度。这是区块链首次在国内被应用于农业领域。按照计划，“步步鸡”项目将在 3 年内覆盖上千个贫困乡、村，养鸡总数将超过 2 300 万只；新建近 10 万亩生态养殖基地，每年预计为农户增收 27 亿元。①

（二）总结与前瞻

尽管本案例着力分析了计步器和视频设备在金融扶贫创新中的作用，但其更深层次的启示则在于，实践中应当关注技术进步可能带来的创新空间。现在我们关注的是计步器，关注的是京东金融扶贫业务创新，但未来则可能是其他更为先进的技术，创新主体也完全可以是别的企业。但无论如何，作为金融创新的重要驱动力量之一，持续的技术进步必将不断带来新的创新机会，这一内在规律不会改变，也应当融入创新者的思维意识当中。

思考与讨论

1. 传统土鸡的饲养售卖模式与京东“跑步鸡”模式有何不同？

2. 在京东“跑步鸡”贷款项目中，计步器和全天候摄像头的作用是什么？具有何种信用经济学含义？

3. “跑步鸡”贷款项目的潜在利润空间是什么？

4. 京东的管理设计是如何锁定“跑步鸡”项目的潜在福利空间的？

---

① http：//finance. eastmoney. com/news/1373，20170621748842319. html？qrqm = zwtj。

第十讲　内置金融合作社创新案例分析

摘要：内置金融作为适用于熟人社区的关系型融资模式，在非人格化交易条件还不够完善的环境中蕴含了社会福利增加。中国乡建院按照因地制宜、就地取材原则创新出的内置金融合作社模式，调动包括村民、村委和政府在内的多方力量，通过建立内部市场、创新审批机制并引入孝道文化作为风控手段等措施，以组织建设与社会建设的形式实现了金融合约创新，较好地锁定了上述潜在社会福利。

关键词：内置金融、农村内部市场、专业合作社、孝道文化

一、内置金融合作社概述

（一）背景与概况

从实践情况看，农村金融供给的无效率成为了阻碍农村发展的一个重大问题，虽然国家近几年大力发展农村金融，对原有的农村信用社进行改革，建立乡镇银行，但总体看效果并不显著。针对上述问题，"三农"问题专家李昌平在2009年创立并发展了村社内置金融理念，在河南省信阳市郝堂村进行了内置金融试验。经过数年发展，郝堂村的经济社会面貌发生了巨大变化，先后获得"建设部美丽宜居示范村""农业部最美休闲村庄"等荣誉。为了更好地规划乡村的发展，2011年生态画家孙君和李昌平等一批从事乡村建设的民间人士发起成立了中国乡建院，由跨领域的专家团队引领，致力于乡村的规划设计与落地实施，并

为新农村建设提供系统性、整体性解决方案。在中国乡建院的支持下，村社内置金融的做法也逐步扩散，截至 2016 年 10 月，已复制到全国 74 个村庄，获得了广泛的社会关注。目前，内置金融模式发展态势良好。2017 年 4 月 21 日，乡建院与山西省岢岚县签订了金融扶贫互助村社体系建设框架协议，协助岢岚县探索出一条农村发展道路。2017 年 5 月 21 日，乡建院与河北省青龙满族自治县成立了内置金融村社及联合社体系项目，并成立了众石城鑫乡村旅游专业合作社。乡建院在建立内置金融村社的同时也在加快内置金融村社联合社的发展。

内置金融是指在农民土地集体所有和农户承包经营制度下，配套建立村社合作金融，合作金融是农民村社组织的内部金融，是农民主导的农村金融，利息归农。内置金融可以实现农民承包权等权益的金融资产化，既促进农民家庭经济、合作经济和新集体经济的发展，又有利于帮助进城农民有偿退出村集体，还有利于完善统分结合的双层经营体制和村民自治制度①。内置金融合作社则是指在行政村域内，依托村级组织，在村级组织的“壳”中植入内置金融。

（二）资金来源与投向

内置金融合作社中的初始资金来源主要包括五部分：政府赞助、专业机构投资、乡贤、老人社员以及村委会。乡贤是指农村中或者农村外但源于农村的经济实力较强的人。以郝堂村为例，2009 年 10 月郝堂村“夕阳红”养老资金互助社开业，资本金 34 万元，其中李昌平出资 5 万元，区政府 10 万元，村庄致富能人 7 人各出 2 万共 14 万元，老人社员 15 人各出 2 000 元共 3 万元，村委会 2 万元。随着内置金融合作社的逐步发展，进一步吸收了农村内部的沉淀资金，新的章程规定：一是入社老人可追加股金 2 万元，作为优先股享受银行 2 倍的利息；二是本村村民也可入股，享受比银行高一个百分点的利息，但入股资金最高不超过 10 万元；三是吸收社会上不求利润回报的慈善资金。截至 2013 年上半

① 李昌平．土地集体所有制、村社内置金融与农村发展和有效治理［J］．农业发展与金融，2010（6）：112-115.

年，合作社资金总量已经达到 340 万元。全村 170 多个 60 岁以上老人加入合作社，入社率超过 80%[①]。内置金融的资金大部分来源于农村内部的资金，另一部分来源于政府以及慈善基金。合作社的控制权掌握在村民手中，是内置金融能够解决农村金融问题的制度优势。

合作社资金的投向主要有两个方面，一是农民个人贷款，二是农村集体贷款。农民个人贷款包括个人住房改造、个人生产性贷款等，例如土地承包、养殖种植业贷款；农村集体贷款则包括村委会或者农村专业合作社以集体形式向内置金融合作社申请贷款，用来承包农村土地、建设新农村公共设施，租用社员房屋或者建设生产性基础设施。以郝堂村为例，村集体向养老资金互助社贷款 160 万元，先后将农户 400 多亩坡地流转至村集体统一建设新农村，新农村建设的土地增值收益归村民共享。广东省的石龙村连心园林花卉专业合作社采用内置金融模式筹集资金 380 多万元，建造一个 60 亩的苗木假植基地，用于存储苗木。农村内置金融合作社的资金全部用于为农民服务，为农村建设服务，是真正意义上的村民自己的金融。

内置金融收益的主要来源是发放贷款所获得的利息，另一小部分来源于其他服务管理费用。收益分配的方向包括老年社员的分红、风险拨备、管理费以及公积金，公积金主要用于合作社的发展以及农村的公益建设，具体比例在不同的地区有所不同，发展较快的地区还包括存款人的利息发放。

（三）内置金融合作社的形式与组织结构

内置金融合作社的形式主要包括两种：一是资金互助社形式，二是专业合作社形式。资金互助社为早期形式，与专业合作社相互独立，但两者又互相支持，与其他村级组织共同组成了农民村社共同体。在一个农民村社共同体中，一般存在一个资金互助社，服务一个或多个专业合作社。如郝堂村的夕阳红养老资金互助社，为回乡青年创业合作社、农

---

① 张继勋．如何发挥村社内置金融的作用［OL］.［2015－08－08］. http：//bbs1.people.com.cn/post/2/1/2/150528173.html.

家乐合作社、郝堂村茶叶合作社提供金融服务。郝堂村各村级组织的关系如图 10-1 所示。①

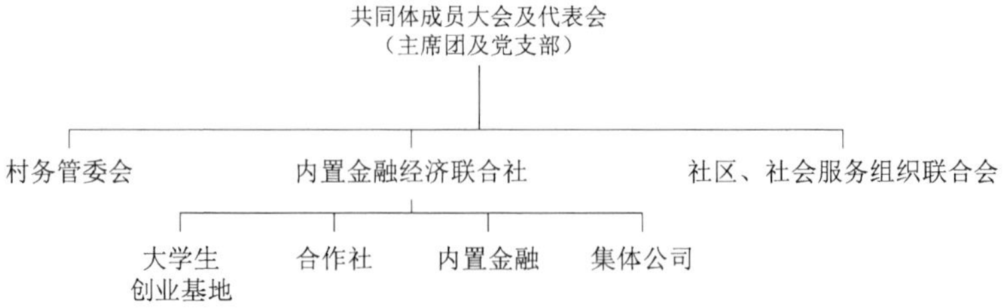

图 10-1　郝堂村村级组织关系图

内置金融合作社的主体形式为以内置金融为核心的专业合作社，其特点为在原有的农村专业合作社中植入了内置金融，兼具内置金融与专业合作社的功能。每个农村一般成立一个以内置金融为核心的专业合作社。例如珠海市斗门区新环村新济水产专业合作社、陕西省南郑县鑫益乡村旅游专业合作社。专业合作社与村委会、服务组织联合会相互独立，内部成员结构列示如图 10-2 所示。

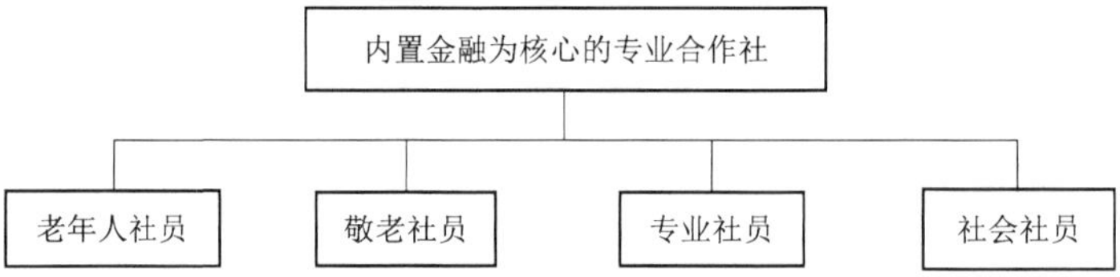

图 10-2　专业合作社内部成员结构图

成员结构与专业合作社的特点与功能相匹配。其中专业社员是指行业相关的入股村民，通过入股，可以获得贷款以及其他优惠，例如饲料赊销社员，可以赊购低于市场价的饲料；社会会员是指注入资本的外部主体，包括政府、乡建院以及社会企业。

内置金融合作社内部有着明确的运作规则与组织结构。内置金融合作社的章程就是其"法律"，由村社内置金融合作社发起人和骨干社员主导制定，外部协作者提供协助。社员商讨成立理事会、监事会并以经

① 李昌平在清华大学的发言：《以内置金融为突破口的新农村建设实践——郝堂实验》。

营团队为合作社治理、运行的主体和责任人。村社内置金融的管理实行理事会领导下、监事会监督下的理事长或干事长负责制。理事会和监事会主要由乡贤构成，理事会、监事会及经营团队的主体必须是当地农民。外来的团队（政府、投资机构、社会组织）必须以农民的成功为合作发展的前提。根据章程，老人社员成立审批小组。按照李昌平的说法，老年人贷款审批小组是关键。老年人贷款审批小组能对贷款者的还款能力和信用作出比较综合的评价，作用相当于银行对贷款企业和贷款人作出的评价。理事会则拥有对贷款的否决权，实行贷款审批与否决两大权利相分离的制度①。

二、内置金融合作社的功能

本节介绍内置金融合作社的功能，包括资金互助社的功能以及专业合作社中的内置金融功能。最初，资金互助社的功能包括资金互助以及辅助养老。但随着农村内置金融的发展，更多新型专业合作社的建立，内置金融合作社扮演的角色越来越重要，不仅仅定位于资金互助以及辅助养老功能，已成为集“信用合作、购销合作、生产合作”于一身，以村域为边界的综合性合作社。其中信用合作是其核心优势，也是专业合作社中内置金融的功能体现，使得内置金融合作社能够比其他专业合作社更容易实现农村自我发展。信用合作是以村民集体成员权、农户土地承包权、家庭财产权等为信用基础的信用合作。在坚持土地集体所有制底线的前提下，内置金融合作社能够承接这些权利，帮助其实现“金融资产化”，并且接受它们作为抵质押物或者帮助它们变现。内置金融的具体功能包括以下几个方面。

第一，资金互助功能。内置金融的资金互助功能体现于合作社的资金来源与投向。老人社员以及乡贤通过投资入股，为合作社提供贷款资金，需要贷款的农民可以通过申请获得贷款。不同于农村信用合作社，

① 华谷视野丨内置金融：郝堂试验意义重大 http://mp.weixin.qq.com/s/ZVX0K60TftRW5Yj0EKFLmw。

内置金融合作社筹集的资金只能在村集体内部流动，配合其他制度的设计，使得农民更愿意相信合作社，实现村集体内部的资金互助。内置金融为农民之间的资金互助提供了一个值得信任的中介平台。

第二，辅助养老功能。养老问题是农村面临的一大难题，解决养老问题是农村内置金融的一个重要目标。按照规定，每一个内置金融合作社的成立，都要有老人社员的参与，并且每年都要优先为老人社员分红。以郝堂村为例，老人入股资金为 2 000 元，2010 年至 2015 年间，每位老人社员的年度分红分别为 530、720、800、800、800 及 750 元。内置金融的建立与发展，在一定程度上辅助解决了农村的养老问题。

第三，“金融资产化”功能。内置金融的“金融资产化”功能是为农民在村集体的成员权、土地承包权以及宅基地等提供变现的平台与服务，提高农村生产要素与权益的可交易性。农民可以将自己承包的土地转予合作社经营，每年从中获取利息。合作社将获得的土地统一经营，获取收益。如果农民想要退出农村集体，则可以把成员权出售给合作社变现，合作社为成员权赋予了流动性。农民也可以将宅基地出租给合作社，由合作社帮忙建设，并且支付一定的租金。内置金融通过“金融资产化”功能，盘活了农村的固有资源，并帮助其实现内部市场定价，使得农民拥有了有效的抵押物，也增强了农村人员的流动性。

第四，支持农村产业发展功能。合作社要发展壮大，让老年人获得更多分红、有需要的社员及时贷到款，根本之道在于发展产业。以内置金融为核心的专业合作社的出现，统合了内置金融及传统专业合作社的功能。人员的交叉以及人员之间的密切联系，使得内置金融机构更加了解农村的生产和生活信息，从而有效地支持农村产业的发展。例如，以内置金融的方式筹集资金支持专业合作社进行统一购销服务以及产业提升服务。广东省珠海市的石龙村是苗木种植专业村，十多年前因苗木产业而闻名，但是当地没有成立统一的组织服务农户，农户只能向市场供应“地苗”（原苗），不能供应“袋苗”（商品苗），处于苗木价值链的最底端，议价能力较弱。近两年苗木市场需求急剧萎缩，导致各家竞相降价销售，价格大幅降低。2015 年，该村成立连心园林花卉专业合作社，将农户纳入合作社，进行统一管理。合作社成立时共筹集资金380多万元，打造了一个60亩的苗木假植基地，用于存储苗木，并以高出当时市场价30%的价格收购村民3 000多棵滞销的优质苗木。此外，合作社还吸引村民将滞销的苗木“存入”假植基地，由合作社统一经销后，农户获得“保底价+二次返利”，合作社获得溢价部分的50%。内置金融合作社把原来分散的农户组织起来，筹集资金建立假植基地，并且对农户树苗进行统一存储经销分成，提高了该村农户的市场地位以及议价能力，增强了农户针对市场情况进行销量调节与吞吐的能力，帮助石龙村实现产业转型与提升。内置金融合作社的一部分收入来自于树苗销售的溢价，龙石村产业的发展也为合作社带来了实实在在的收益。总体来看，提高农户的市场地位以及市场调节能力，实现农村产业的提升，需要对相应的基础设施进行投资，而内置金融的存在，使得该项投资更容易实现。

内置金融合作社的潜在业务还有很多。按照李昌平的设想，未来农村金融的主体格局是村社内置金融成为农村金融体系的核心和纽带，政策性银行批发贷款给村社内置金融组织（以土地集体所有权抵押），后者再将贷款零售给农户或产业合作社（以土地承包经营权抵押）。与此同时，村社内置金融组织代理政策性银行吸收千家万户的存款和保险业务，也可以代理政府发放养老金、各种农业补贴等。

三、内置金融蕴含的社会福利增加

目前可为农村提供服务的外置金融机构种类繁多，本部分选取农村信用合作社（农村商业银行）以及村镇银行两种外置金融机构的贷款业务进行介绍，和内置金融贷款业务进行对比，分析内置金融如何解决农村金融供给无效的问题，阐释为何蕴含着社会福利的增加。①

① 农村信用合作社曾经被定位为侧重关系型融资的内置金融，但从实践看却越来越多地倾向于外置特征。

（一）内置金融合作社贷款业务

内置金融合作社发放的贷款为小额贷款，金额不超过 10 万元，期限一般在 1 年以内，年利率为 12% 左右，贷款审批时间为 2～3 天。当贷款金额低于 5 000 元时，可以通过老人担保贷款；超过 5 000 元时，则需要抵押物担保。如果出现违约情况，则由合作社自主处置抵押物。贷款的类型主要是个人生产性贷款以及集体性质贷款。从实践情况看，通过内置金融合作社，农民可以更方便地获得贷款，而且利率相比其他金融机构较低。在贷款流程中实现了审批与否决的分离，加入了老人评议小组，降低了借款人违约的概率。内置金融合作社的贷款流程可以由图 10-3 来表示。

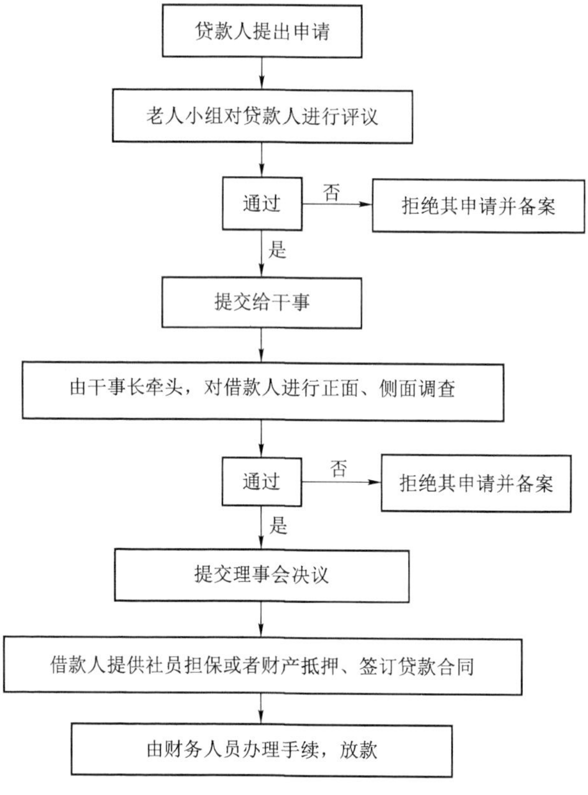

图 10-3　内置金融合作社贷款流程

（二）农村信用合作社贷款业务

农村信用合作社是受中国人民银行监督的正规金融组织，也一直被认为官方认定的我国农村合作金融的主要形式。经过50多年的发展，几经变革，目前官方已经明确了农村信用合作社以及农村合作银行的未来发展方向是股份制的商业银行，现在的农村信用合作社的业务主要包括贷款业务、存款业务、清算业务以及理财业务。为了与内置金融合作社的业务进行对比，现以某农村信用合作社的农民专业合作社贷款业务进行介绍①。

1. 业务简介

农民专业合作社贷款是指农村信用合作社向辖内农民专业合作社及其成员发放的贷款。农民专业合作社是指按照《中华人民共和国农民专业合作社法》规定，经工商行政管理部门核准登记的农民专业合作社。针对农民专业合作社组织形式的特点和经营管理水平，采取“宜社则社，宜户则户”的办贷方式。

2. 贷款条件

农民专业合作社与专业合作社成员个人，向农村信用社申请贷款应具备一定的条件，如表10-1、表10-2所示。

表10-1　　农民专业合作社贷款申请条件

1. 经工商行政管理部门核准登记，取得农民专业合作社法人营业执照
2. 有固定的生产经营服务场所，依法从事农民专业合作社章程规定的生产、经营、服务等活动，自有资金比例原则上不低于30%
3. 具有健全的组织机构和财务管理制度，能够按时向农村信用社报送有关材料
4. 在农村信用社开立存款账户，自愿接受信贷监督和结算监督
5. 信用等级在A级以上。具有偿还贷款本息的能力，无不良贷款及欠息

① 业务流程来源于 http：//www.sdnxs.com/Info/76910。

续表

6. 持有中国人民银行颁发并经过年鉴的贷款卡
7. 信用社规定的其他条件

表 10-2　　合作社成员贷款申请条件

1. 年满 18 周岁，具有完全民事行为能力、劳动能力或经营能力的自然人
2. 户口所在地或固定住所（固定经营场所）必须在信用社的服务辖区内
3. 有合法稳定的收入，具备按期偿还贷款本息的能力
4. 在信用社开立存款账户
5. 信用等级 A 级（含）以上
6. 信用社规定的其他条件

3. 贷款的额度、期限、利率和担保方式

具体规定见表 10-3。

表 10-3　　贷款额度、期限、利率与担保方式

贷款额度	农民专业合作社及其成员的贷款额度分别根据信用状况、资产负债情况、综合还款能力和经营效益等情况合理确定。贷款额度原则上不超过其净资产的 70%
贷款期限	对农民专业合作社的贷款期限原则上不超过 1 年，对农民专业合作社成员的贷款原则上不超过 2 年
贷款利率	农民专业合作社及其成员贷款实行优惠利率，具体优惠幅度由县（市、区）联社、农村合作银行根据中国人民银行的利率政策及有关规定结合当地情况确定。农民专业合作社成员经营项目超出其所属农民专业合作社章程规定的经营范围的，不享受规定的优惠利率
担保方式	农民专业合作社贷款采取保证、抵押或质押的担保方式，农民专业合作社成员贷款采取“农户联保+互助金担保”“农户联保+农民专业合作社担保”“农户联保+互助金担保+农民专业合作社担保”或其他担保方式

4. 贷款程序

农民专业合作社贷款程序包括评级授信、借款申请、贷款调查、贷款审查、贷款的审议与审批、贷款发放、贷后管理和贷款收回。农户贷款的办理流程包括集中评级授信［信用评定（成立组织、宣传发动、集中受理申请、集中调查、集中审查/审议）、核定授信额度（张榜公示、集中审批、签订合同）］→签发贷款证→贷款发放。

相较于内置金融，上述条件和程序中，对申请人的信用等级做出了要求，至少为 A 级，这就导致某些缺乏信用记录的农民无法获得贷款。在申请贷款时，农民不仅仅需要寻找联保，还需要额外互助金或者合作社的担保，增加了农民获得贷款的难度。

（三）村镇银行贷款业务

村镇银行与农村信用合作社不同，不属于农村合作类金融机构，属于农村商业性金融范畴。农村商业性金融是指在农村区域范围内，以商业性银行为主，包括保险、证券、期货、信托等在内的商业性金融机构的资金配置活动及其体现的经济关系。农村商业性银行机构主要包括中国农业银行、中国邮政储蓄银行、村镇银行、农村商业银行等银行业金融机构[①]。村镇银行的定义在 2007 年 1 月中国银行业监督管理委员会制定的《村镇银行管理暂行规定》中明确给出，村镇银行是指经过中国银行业监督管理委员会依据有关法律、法规批准，由境内外金融机构、境内非金融机构企业法人、境内自然人出资，在农村地区设立的主要为当地农民、农业和农村经济发展提供金融服务的银行业金融机构。

本节选择某村镇银行业务作为参照对象。该村镇银行为三农（包括农业产业、县及乡镇农村地区、从事种植和养殖的农民）服务，提供为各行业量身定制、贴合种养殖周期、创新的金融服务。贷款产品包括六种：欣农贷-蛋鸡、欣农贷-水稻、欣农贷-棚菜、欣农贷-生猪、欣农贷-水产、欣农贷-种植。现将各个产品的特点汇总如表 10-4 所示。

---

① 罗斌. 中国农村合作金融发展研究［M］. 北京：中国金融出版社，2016.

表 10-4　　村镇银行“三农”贷款产品

贷款产品	产品介绍	特色	申请条件
欣农贷-蛋鸡	用来扩大蛋鸡养殖规模需求的信贷产品。可用于鸡棚的建设与设备的购买，或在小鸡孵育期间的鸡苗和饲料购买	根据养殖扩大规模确定额度。除可用作流动资金外，还可用来建设鸡棚。贷款前 6 个月，可选择等额本息或基本只还息的方式，减低营运手段的资金压力。接受联保、保证、抵押、准抵押等多种方式	较为成熟的蛋鸡养殖户：3 年以上行业经验且养殖规模在 5 000 只以上
欣农贷-水稻	为农村粮食生产领域的水稻种植农户提供的多用途经营性贷款产品	单笔额度最高可达 20 万元。3～6 个月贷款期限，完全配合种植周期。一次性还本付息，免去每月付息的烦琐。由长期合作稻谷收购商进行担保，借款人无需提供任何抵押品	拥有本县（市）户口，且在本县（市）居住，本人在本县（市）从事水稻种植满 5 年，每年向固定稻谷收购商供应稻谷，且双方合作已满 3 年
欣农贷-棚菜	为蔬菜/瓜果大棚种植户设计的一款用来扩大蔬菜/瓜果种植规模需求的信贷产品。可用于大棚的建设与设备的购买，或在种植周期中的农资购买	根据蔬菜/瓜果大棚建设所需成本确定额度，最大限度满足建棚、设备和农资购买需要。最长 5 年贷款期限，最大限度减少还款压力。自主申请，无需担保人。可用自有资产（如农村土地承包经营权、大棚所有权）进行抵押	本人在本县（市）从事农业种植满 1 年，或目前正在从事大棚种植
欣农贷-生猪	为生猪养殖户设计的一款多用途经营性贷款，主要用于满足养殖过程中的流动资金需求，例如饲料及其他成本的投入	最高 300 万元贷款额度，最大限度满足养殖过程中的各种经营性需要。6 个月到 3 年贷款期限灵活选择，自主控制还款压力。接受多种押品类型，如猪场、国有或集体土地上的房产、机器设备等均可用作抵押	生猪自繁自养户或商品猪养殖企业。从事生猪养殖行业满 5 年，且存栏母猪达到一定数量

续表

贷款产品	产品介绍	特色	申请条件
欣农贷-水产	为水产养殖户设计的一款多用途信贷产品，可用于解决鱼虾蟹苗、饲料、疫苗购买等流动需求，或养殖场所扩建等固定资产投资需求	根据养殖规模对应的资金需求确定额度，最高可达 200 万元，最大限度满足水产养殖过程中的各种经营性需要。贷款首段只需每月付息，剩余等额本息，缓解周转压力，更有每月付息、一次性还本的还款方式可供选择。担保方式灵活多样，除传统抵押担保方式外，还接受养殖证抵押、集体土地房产抵押等	从事水产养殖行业满 3 年，且养殖面积达到一定规模
欣农贷-种植	为从事种植业的农户设计的一款多用途信贷产品，可用于解决种苗、肥料购买等流动资金需求，或种植场所扩建等固定资产投资需求	根据种植规模对应的资金需求确定额度，最大限度满足种植过程中的各种经营性需要。贷款首段只需每月付息，剩余等额本息，缓解周转压力，更有每月付息、一次性还本的还款方式可供选择。担保方式灵活多样，国有/集体土地房产抵押、第三方保证等多种方式均可接受	从事种植行业满 3 年，且种植面积达到一定规模

通过以上对三农客户贷款业务的介绍可以发现，村镇银行的贷款种类多样灵活，对抵押物的要求基本能够适应农村的现实情况。但在申请条件这一方面，村镇银行要求必须具有一定的经营年限以及经营规模，高于内置金融合作社的申请条件，为申请人设置了较高的门槛。

（四）内置金融的优势与社会福利提升

内置金融合作社与农村信用合作社、村镇银行在贷款业务方面的对比情况列示于表 10-5。

表 10-5　　三类贷款业务的对比分析

	内置金融合作社	农村信用合作社	村镇银行
服务对象	本村社员	中小企业、农民专业合作社、农户	中小企业、工薪阶层、三农客户
贷款产品（针对农户）	根据借款人制定	固定	灵活多样
贷款额度	一般不超过 10 万元	原则上不超过贷款人净资产的 70%	不同产品额度不一，最高 300 万元
贷款期限	不超过一年	一年或两年	最低三个月，最长三年
担保类型	老人担保，成员权、承包权或者宅基地抵押担保	抵押担保或者联保	接受多种类型担保
申请条件	本村村民或合作社社员	具有 A 级以上信用评级	具有一定的经营年限以及规模
审批过程	合作社老人社员、干事以及理事会共同审批	集中评级授信，核定授信额度	专业客户经理进行实地调查

通过上述分析可以发现，外置金融机构往往需要额外的集中评级授信、张榜公示和集中审批环节，会导致更长的审批周期，同时对贷款人资质以及抵押物要求更高，部分贷款还需要联合担保，这都不利于便捷地满足农民贷款需求。内置金融作为一种金融制度创新，在解决农村金融供给以及农村发展方面有着自己的优势。内置金融、外置金融与农村社区关系的对比分析如图 10-4 所示。

内置金融内植于村集体中，交易主体同属于一个“熟人社区”，经营活动全部在农村内部完成，这种制度设计降低了借贷双方之间的信息不对称程度，“近距离”的交易大大降低了借贷主体之间的交易成本。而且，内置金融通过建立内部交易市场，在为农民的集体权提供变现服务的同时，也为自己提供了贷款抵押物。外置金融与农村相互独立，与农村借款主体“距离远”，两者之间的信息不对称程度较高，对农村各

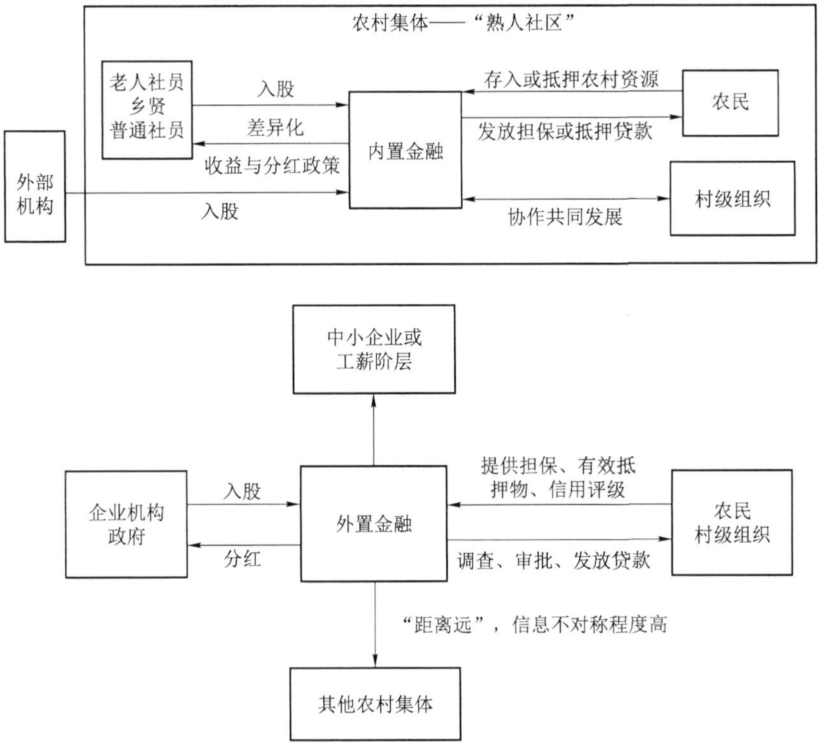

图 10-4 内置金融、外置金融与农村社区的关系图

项权益的抵质押管理成本也更高。相比之下，内置金融大幅降低了农村借贷主体之间的交易成本，有利于借贷交易的进行，蕴含了社会福利的增加。

四、内置金融的风控机制与社会福利锁定

与其他金融模式相类似，如何做好风控也是内置金融的核心，关系到社会福利的锁定。具体来说，风险管控是合作社经营过程中的难点，合作社搞经营就存在风险，如何将风险降到最低，是合作社经营过程中最重要的环节。由于群众的经济水平参差不齐，在资金互助业务的经营中，稍有不慎就会出现呆坏账。李昌平对此持乐观的态度，他认为内置金融在日本、韩国以及我国台湾地区都有很好的发展，正是由于其在村

社内部运行，信息十分通畅，资金出现问题的风险很小，特别是有乡贤和村两委的参与，它的资金不拿出去，是不会出现大问题的[①]。本书总体上同意这个判断，同时认为内置金融之所以能够拥有良好的风控机制，主要原因在于其解决了信息不对称、违约惩戒及抵押品无效这三个问题。

（一）解决信息不对称

与内置金融相比，外置金融在为农村提供融资服务时，无法准确了解农村借款人的信用状况以及收入水平，面临着信息不对称问题。同时由于借款人的有效抵押品不足，外置金融面临极高的违约风险与损失，因此其偏好于向能够提供抵押品的企业发放贷款。破解信息不对称难题是解决农村金融供给无效问题的“法宝”，内置金融能够缓解信息不对称程度，主要是因为以下几点：

（1）老人社员参与审批。内置金融合作社的资金来源有一部分是乡贤以及村中的老人社员。通过投入初始资本，他们自动成为合作社理事会的一员或者监事会的一员。在进行贷款申请时，首先要向老人社员组提出申请，通过后方能进入下一环节。因为老人社员对农村内部情况比较了解，可以通过申请人的口碑、日常行为以及周围亲朋好友的状况来判断借款方是否会出现赖账行为。因此，通过老人组审批的借款人有更大概率是一个诚信融资者。

（2）贷款流程中审批与否决权相分离。在干事会对借款人情况进行调查后，如果通过，则需要汇报给理事会，因为理事会中包含出资的乡贤，对于项目的成功概率可能会有更加专业的判断，可以对该申请提出否决意见。通过这双重保障，可以进一步降低信息不对称程度。

（3）资金使用范围不出村。内置金融合作社只对农村内部借款人发放贷款，以村域为边界。这就保证了合作社对所有借款人的充分了解，客观上降低了贷款方的信息不对称程度。

---

① http：//tv. cctv. com/2016/07/09/VIDEOS269XUH5AmPFzlxwOyO160709. shtml。

（4）内置金融合作社充分利用村两委（村支部和村委会）的组织宣传作用，承诺为老人社员优先分红，增加了人们参与合作社的积极性。内置金融合作社的章程由村民自己决定，增加了社员的参与度和责任感。政府部门的支持解决了其合法性的问题，起到了为内置金融合作社增信的作用。

（二）合理利用孝道文化作为惩戒手段

每一家内置金融合作社成立时，都要吸引老人社员出资，作为其股东，并参与分红。合作社也会拿出一部分利润来给村里的老年人“发红包”。合作社通过为老年人提供福利，提高了其养老保障水平，这为内置金融赢得了养老助老的社区声誉。另外，农村社员参与合作社，自身在老年时也能够老有所依，如果拖欠账款不还，则拖欠的是老年人的分红，有损自己的口碑，得不偿失。同时合作社定期公开贷款信息，如果借款人恶意拖欠贷款，则村民能在第一时间获取这个消息，影响借款人的声誉。

对于传统的外置金融机构来说，农村借款方的资金量比较低，当其违约时，做出惩罚的成本却经常高于收益，因此惩罚动机较弱。外置金融与借款方的日常生活距离较远，信息传递不通畅，即使对借款人做出惩罚，借款人受到的损失也较低。因此，传统外置金融的较低的违约成本使得农村借款人违约概率要更大。而内置金融通过将农村中的孝道伦理加入到制度设计中后，能够化解合作社的借贷风险。孝道文化蕴含于社会之中，以其作为风控手段，性价比较高。这也体现了本土化金融创新因地制宜、就地取材的特点。

（三）建立内部交易市场

建立与集体所有权相联系的内部权益市场，是内置金融的一项重要功能。农村资源实现“金融化”，也是在这个基础上才实现的。

不发达地区农民的农地、山林等资源，不仅过于零碎、流动性差、价值偏低，且短期内升值预期几乎为零，难以成为外置金融机构的有效抵押品。内置金融一方面为村民的土地承包权、财产权、集体成员权、资金、资源、资产、产品等实现金融化提供了一个平台，帮助解决了农村中产权交易困难的问题，使上述权益成为有效的抵押品。另一方面，通过内部交易市场建设，内置金融有助于把农村的各种闲置乃至碎片化的资源，实现集约化经营。通过建立经济专业合作社，把农民联合起来，帮助其提升市场地位，增加议价能力，提高产业水平。

五、内置金融仍存在的问题与完善建议

（一）内置金融存在的问题

（1）监督机制还不够健全。内置金融合作社在我国还属于试点阶段，国家在这方面的法律法规还没有完备，对内置金融合作社的监督与管理缺乏力度。农村内部监督机制不完善，对于管理层的约束一般通过品德口碑和个人关系的标准来评判，缺少制度上的把关和监督。合作社内部可能会出现过于依赖带头人、管理层合谋或者家族控制的问题，随着资金量的增大，也可能会出现资金滥用的问题。

（2）财务管理缺乏规范化。一些合作社对财务管理缺乏重视，有时会任用不具备专业能力的人员来管理财务，没有做到财务管理的规范化、专业化，造成农村财务管理上的不规范。

（3）单个合作社力量微薄，难以有效联合。改革开放以来，家庭联产承保责任制下，现在的村社间趋于分散，村户之间相对独立，联合起来比较困难。再加之大量农村劳动力离乡离土，也使得合作社的推广缺少人力、物力和财力的支撑。

（二）内置金融完善建议

（1）内置金融合作社需明确相关监管部门。目前，内置金融合作社建设尚无明确的监管部门。农村情况复杂，各村设立合作社的条件以及农户对内置金融合作社的认知程度都存在差异，而我国试点合作社仍

处在发展初期，因此应当由政府金融工作局负责内置金融合作社的监管，人民银行等金融监管部门提供风险管理方面的指导，唯有如此才更有利于内置金融合作社合法合规发展。

（2）应完善和健全内置金融合作社内部管理制度。首先要完善内部管理制度，建立健全资金使用、重大决策、财务管理、人员更替等方面的制度，规范内部运作。其次要引进第三方机构监管，例如委托银行机构对内置金融合作社进行资金托管，做好资金监控；也可考虑以适当的形式委托会计师事务所对内置金融合作社进行年度审计，规范其内部财务运作等。最后要健全社员管理制度、完善社员结构，吸收更多村民特别是种养专业户入社，增强内置金融的内生发展力。

（3）运用金融杠杆扶贫方式吸引生产社员的参与。目前已成立的内置金融合作社中的生产社员无论数量上还是比例上都普遍较低，可以考虑规定政府参与合作社的份额锁定 5 年或 10 年不参与分红，以金融杠杆扶贫方式吸引更多生产社员参与到合作社来。

（4）要鼓励涉农金融企业通过参股或业务联系等方式加强与内置金融合作社的合作，探索“内置金融”与“外置金融”有机结合的多种途径。

思考与讨论

1. 内置金融合作社的形式包括哪几种？
2. 内置金融合作社的功能包括哪几方面？
3. 为什么说内置金融蕴含了社会福利的增加？
4. 内置金融如何对社会福利进行锁定？

第十一讲　银信“理财通道”型业务创新案例分析

摘要：通道型金融业务以“绕道而行”的方式满足了融资需求，故而在微观层面蕴含了社会福利增加。本讲选择以银信“理财通道”业务为例，在介绍其产生背景与演变过程的基础上，分析了作为主导方的银行通过设定较高的受益人收益率、抽屉协议等方式锁定潜在社会福利的机制与手段。尽管这样的创新可能导致全社会金融风险的增加，但只要保持监管与创新的平衡，监管部门可通过加强信息披露等措施予以缓解。该案例在微观创新层面具有一定的参考意义。

关键词：银信理财、信托通道、金融创新、监管套利

一、基本背景与发展概况

（一）基本背景

中国经济发展对中长期资金的巨额需求，是我国金融业持续创新的重要背景。要对此进行深入理解，必须了解自 1949 年以来中国经济社会的两个突出特征：第一，经济落后蕴含的巨大发展空间以及潜在的融资需求。即使选择已经历约两个五年计划推动的 1960 年，中国的人均 GDP 仅为高收入国家的 1.21%、低收入国家的 44%；第二，广大民众所经历的百年屈辱史，在国内集聚了强烈的经济赶超诉求，并在一系列历史和现实因素作用下，共同促使新中国政府选择了赶超型发展战略，从而将潜在融资需求转变为实践中的制度安排。

中华人民共和国成立之初，在外有列强压迫、内无充足资金的情况下，要想迅速实现工业化，必须选择性地对一些部门实行“剥削”政策，充分发挥政府在经济发展中的积极干预作用。日本和德国崛起中的经验也印证了这一点。对新中国而言同样如此。受到经济资源国际可得性的影响，中国必须在国内构建出一个为工业化筹集大量资金的制度体系。为此，中国政府先后实施了“三大改造”、银行“国有化”等一系列措施。在这样的体制支撑下，政府基于对价格、工资等方面的全面干预，通过实行统收统支的财政体制，使其可以获得所需要的任何水平的财政资金。这一时期的财政扩张，完全可以在财政体系内部实现。只不过，这种实现方式需要以计划体制为前提。自此之后，中国所处的国际环境以及国内对于社会主义经济本质的主流意识形态，都发生了很大的变化。然而，中央政府追求经济快速增长的赶超意识并没有变化，受其影响而保持相对稳定的赶超型体制依然在发挥重要作用。

从改革开放到二十世纪九十年代中前期，随着市场化改革的推进，中国的财政体制逐步体现出更多的市场化特征，统收统支体制失去了必要的制度前提。但赶超意识没有发生改变，因而政府财政扩张的冲动并未受到根本性的约束。在这一背景下，内在压力会激励政府重新塑造出新的资金渠道或金融制度创新，以继续支持财政扩张的需要。结合当时银行部门还掌握在政府手中这一具体国情，信贷资金财政化渠道就成为顺理成章的选择，二十世纪末，财政部以各种形式为金融机构核销的呆坏账金额，大体代表了这一渠道给予赶超型战略的支持力度。而自国有银行完成商业化和股份制改造后，政府财政扩张的信贷渠道被削弱，为了继续维持经济快速增长，政府必须要在自己所控制的资源范围内，寻找新的渠道以继续支持财政扩张，继而产生了以土地为主要抵押物的城投平台贷款。

置于如上科层体制之下的地方政府，无论是通过财政收支来最大化自身效用的需要，还是为了追求升迁而迎合中央政府的考核，都会重视中央政府的增长目标。与此同时，短期内实现增长的手段，莫过于增加投资，一是在政府融资能力范围内，尽量增加政府背景的投资；二是以超常规手段吸引外来投资。就前者而言，主要表现为通过各种途径从金融系统融入资金，投资于侧重于国资的上游基础设施和基础产业。这一投资冲动非常强大，以至于地方政府的金融创新一直与外部监管的强化如影随形。从最初的财政投资，到二十世纪八九十年代的信贷资金财政化，以及二十一世纪初开始的以土地为主要抵押物的城投平台贷款，最近几年则是包括理财产品在内的各类资金融资渠道的创新，以及部分地区利用政府购买服务变相举债等做法。银行理财产品在实现业务发展的同时，也面临着监管约束的不断强化，为了规避监管，银信合作通道业务应运而生。

（二）发展概况

我国银行理财产品存续历史较短，2003 年，中国银行推出了“汇聚宝”外汇理财产品①，首次使用“理财产品”的名称，这可以看作我国银行理财产品的开端，该产品需用美元进行认购，丰富了投资者的外汇投资渠道。2005 年 11 月 1 日，银监会下发的《商业银行个人理财业务管理暂行办法》（中国银行业监督管理委员会令 2005 年第 2 号）② 和《商业银行个人理财业务风险管理指引》③ 正式实施，被看做是监管机构承认银行理财业务合理运行的首个正式文件，由此，理财产品不再是银行业务的灰色地带。

银信合作最主要的成因是商业银行希望通过信托将信贷资产转移到表外，从而规避信贷管制④。2006 年，民生银行与信托公司合作发行我国第一款银信合作理财产品，随后银信理财呈爆发式发展⑤。

由于银信理财是银行为主导，借助信托公司来规避监管，其中信托

① 资料来源：http：//www. csjrw. cn/2016/0603/1759. shtml。

② 资料来源：http：//www. cbrc. gov. cn/chinese/home/docView/1625. html。

③ 资料来源：http：//www. cbrc. gov. cn/chinese/home/docView/1619. html。

④ 殷剑峰．中国理财产品市场发展与评价［M］．北京：中国财政经济出版社，2010.

⑤ 张春华．我国银信合作理财业务面临的监管政策及其发展趋势［J］．江西财经大学学报，2011（6）：5-10.

公司只是作为通道存在，并不进行风险把控，因此2009年12月，银监会下发《中国银监会关于进一步规范银信合作有关事项的通知》（银监发［2009］111号）（以下简称“111号文”）①，试图引导信托公司以受人之托、代人理财为本发展自主管理类信托业务，实现内涵式增长。

“111号文”并没能阻碍银信理财业务规模增长，2010年增速达到300%以上（见图11-1），对整体信贷规模形成了巨大冲击，为了严控银信合作融资类信托的规模，2010年8月，银监会下发《关于规范银信理财合作业务有关事项的通知》（银监发［2010］72号）②，要求商业银行将银信合作融资类信托表外资产转入表内。随后两年银信理财业务规模连续大幅下降，分别同比下降30%和68%，对于商业银行和信托公司来说，为增加自身收益，绕道监管并不断创新就变得十分必要。在此背景下，理财产品投资标的从信贷类产品转向组合类产品，投资结构由线性的基础融资类银信合作转变为衍生融资类银信合作模式。2013年，银信理财业务规模有所增加，呈现上升态势。

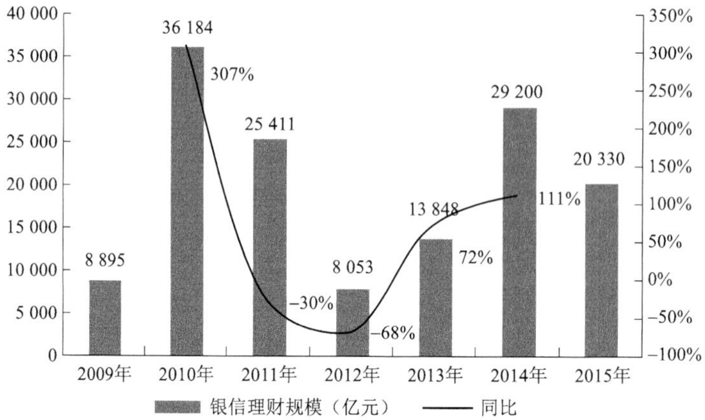

图11-1　我国银信合作理财产品的发行规模及变化情况③

资料来源：用益信托工作室。

① 资料来源：http：//www. cbrc. gov. cn/govView_F0BF92FE32814EF3A0614803E0D33367. html。

② 资料来源：http：//dwz. cn/63deA0。

③ 2009—2014年银信理财产品规模分别为8 894. 59亿元、36 183. 82亿元、25 411. 44亿元、8 053. 35亿元、13 847. 77亿元和29 199. 80亿元，2015年1—10月，银信理财产品规模为20 330. 10亿元。

2013 年 3 月，银监会下发《中国银监会关于规范商业银行理财业务投资运作有关问题的通知》[①]（银监发［2013］8 号），控制了理财投向非标资产的规模，严格规范了理财业务的运营管理。这样便从源头上阻断了理财资金的投向，因此大量的理财资金转而通过债券市场，配置收益率相对偏低的信用债和城投债。

2014 年 4 月，《中国银监会办公厅关于信托公司风险监管的指导意见》（银监办发［2014］99 号）出台，其中明确载明，要求金融机构之间的交叉产品和合作业务，必须以合同形式明确风险责任承担主体，由风险承担主体的行业归口监管部门负责监督管理，防止以抽屉协议的形式规避监管，并且规定信托公司不得开展非标准化理财资金池等具有影子银行特征的业务。

银行理财通道业务发展历程如图 11-2 所示。

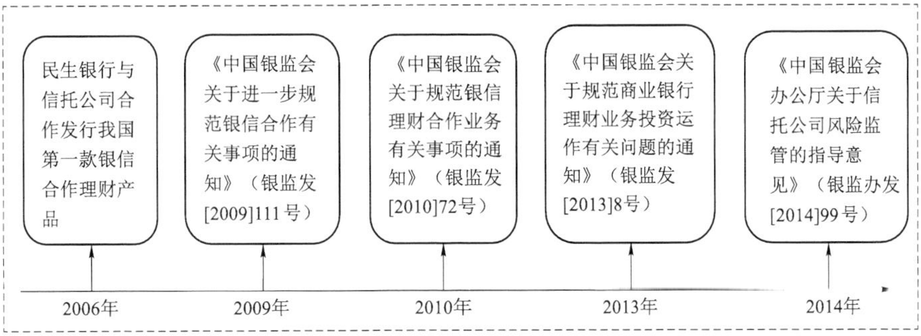

图 11-2　银行理财通道业务发展时间轴

二、银信理财通道合约的时序创新过程

（一）创新起点：从信托主导到银行主导

银行贷款模式被限制，银行需要找到一个规避监管的方法满足依然

① 资料来源：http：//dwz. cn/4SlEpf。

存在的资金需求，同时也实现自身的业务发展，增加盈利，银信通道业务就是基于这个背景而产生的。通道业务并非正式的业务名称，其实质是商业银行为绕过相关监管约束的限制，利用监管缝隙进行的监管套利型创新。通道业务的核心是管理责任的让渡，通过理财产品等形式吸纳资金，认购信托、证券等发行的资产管理类金融产品，而其实际投向就是银行事先选定好的项目。由于项目和投资者这两类核心资源都掌握在银行手中，信托、券商、基金公司等机构，只是利用牌照为银行的资金运作提供一个“通道”。

信托主导的银信合作则相反，往往由委托人直接委托信托公司发起信托计划，信托公司作为实际管理人，制定该信托计划的资金投资方向，银行只是作为服务机构，提供资金托管等金融服务，整个过程主动权在信托方（见图 11-3）。这里所说的通道合约则不同，银行居于主导地位，信托处于从属地位（见图 11-4）。银行借助信托通道的功能，在其资本充足率符合监管要求时，实现贷款规模的扩张，也实现为信贷资金限制进入的行业（如房地产开发企业，部分政府融资平台）间接放贷，最终达成获取中间业务收入的目的。

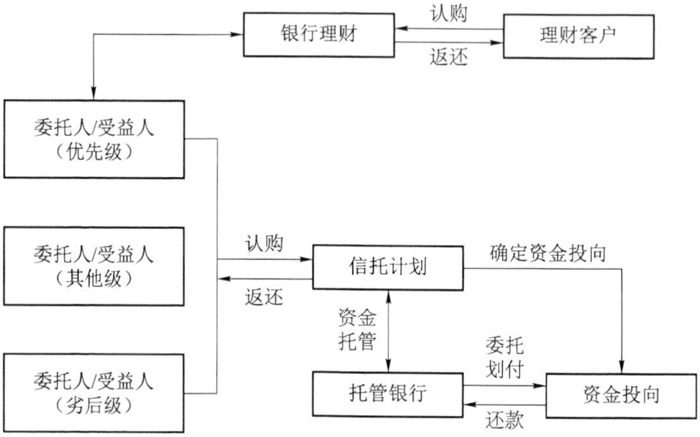

图 11-3　信托主导的银信合作

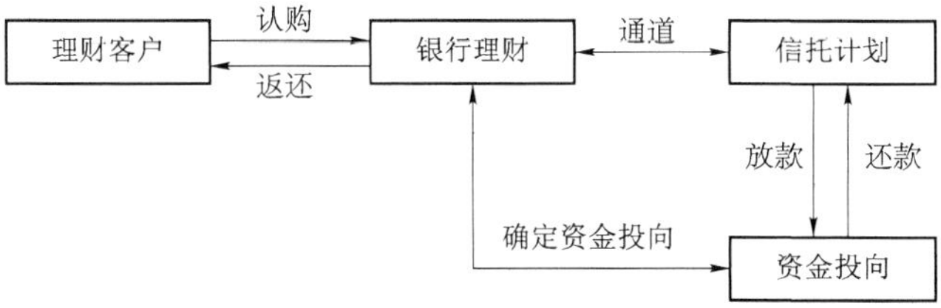

图 11-4　银行主导的银信合作

（二）时序创新过程

2010 年以前，信贷类产品（包括信托贷款类与信贷资产类）以风险低、收益稳定的特点颇受投资者欢迎，是银行理财产品的主要投资标的，但在 2009 年至 2010 年一系列监管政策发布后，例如“72 号文”规定融资类业务规模在银信合作中的比例不得高于 30%，使得信贷类产品受到严格限制，由此组合投资类产品成为银信合作业务的主流，直接导致信贷类产品锐减，很长一段时间市场上都没有这类产品。组合投资类产品因其投资方式灵活，能够较好地分散风险，同时又能回避敏感政策而受到银行的青睐。

此外，在产品的交易结构上，银信理财产品逐渐呈现出一些新的变化。一是对接的信托计划不仅是单一类信托，还有一些是投资于集合类信托计划；二是在交易结构的设计上加入了移交—经营—移交（TOT）的模式，有部分银信产品对接的信托产品本身就是投资于另一个信托计划的。后来银信产品在交易结构方面出现更多的创新，虽然使得银行有效规避金融监管获得了中间业务收入，却也加大了金融风险敞口①。

最初基础型融资类银信合作产品是直线型的资金结构，理财投资者购买银行理财产品，银行汇集资金，委托信托公司成立单一资金信托计划，从而到达资金需求方。资金需求方可以是工商企业、银行或信托公司本身。基础型融资类银信合作产品的需求方主要是企业，产品形式为

① 用益信托工作室．2010—2011 年中国信托业市场报告［R］．用益信托工作室研究报，2011.

信贷资产转让（理财发行银行或其他银行）信托或票据融资信托（见图 11-5）。

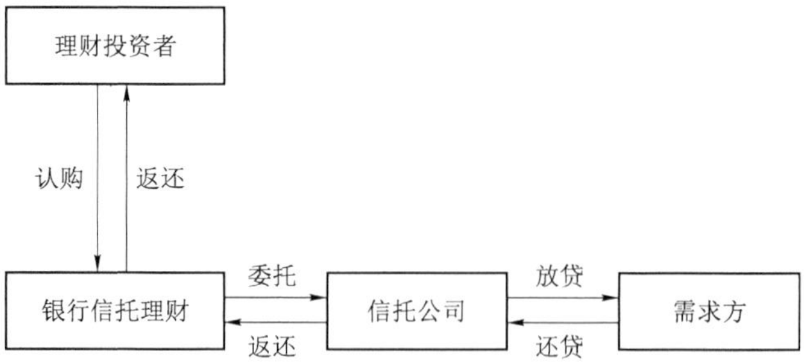

图 11-5 基础型融资类银信合作产品流程图

随着“72 号文”的实施，受制于融资类银信产品比例的约束，产生了衍生融资类信托业务，增加银信合作中的参与方（例如券商和基金子公司），作为变相的银信信贷资产腾挪的通道。除银信之外的第三方非银行金融机构可以通过预设信托计划，再由银行受让第三方信托受益权的方式避免融资类银信叫停对信托发行计划的不利影响①。衍生融资类银信合作产品中受托机构是除信托之外的其他非银行机构，信托资产以信托计划形成的信托受益权居多。非银行金融机构在银信合作过程中作为融资类银信合作的中介，由银行委托其与信托公司先成立信托计划，用于受让本行或他行信贷资产，之后又用理财资金购买信托受益权。衍生融资类银信合作产品的融资链条更长，结构更加复杂，融资功能和融资意图更加隐蔽（见图 11-6）。

在监管约束持续增强的影响下，银信合作模式不断衍生出新的形式。监管与创新是一个互动的过程，为了规避对融资类业务在银信合作中占比不超过 30% 这一监管要求，银信合作中引入券商、基金子公司或保险等中介，从而产生衍生融资类银信合作产品。为了进一步避开监管红线，继而产生投资类银信合作产品和集合信托产品，即将本质上为融资类银信合作的产品包装成投资类银信合作产品或者集合信托产品。

① 王珏帅．融资类银信合作产品结构演变和发展趋势分析［J］. 浙江金融，2011（4）：39-42.

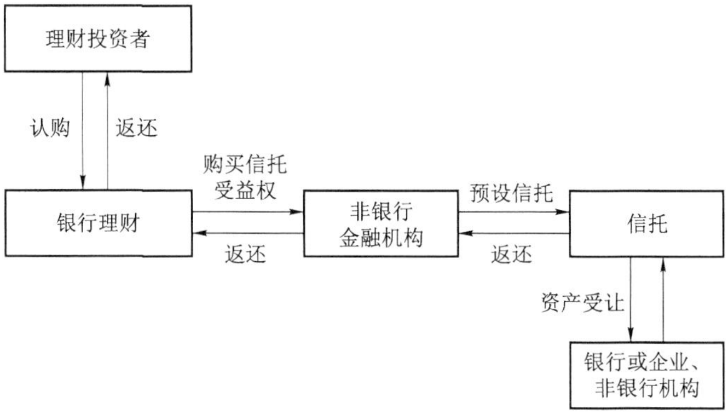

图 11-6 衍生融资类银信合作产品流程图

在投资类银信合作产品中，首先，融资企业以其自有财产与信托公司成立财产信托计划，银行理财资金直接购买融资企业所持有的财产信托，表面上产品结构与融资类银信无关，实质上企业最终均能得到类似贷款的融资。而在集合信托产品中，70%～95%的产品规模与银行理财资金对接，少部分与指定的投资者对接。一般来讲，指定的投资者为融资企业的关联方或与银行系比较密切的零售客户及机构客户。从交易结构形式上来讲属于集合信托计划，规避融资类银信合作定义范围（见图 11-7、图 11-8）①。

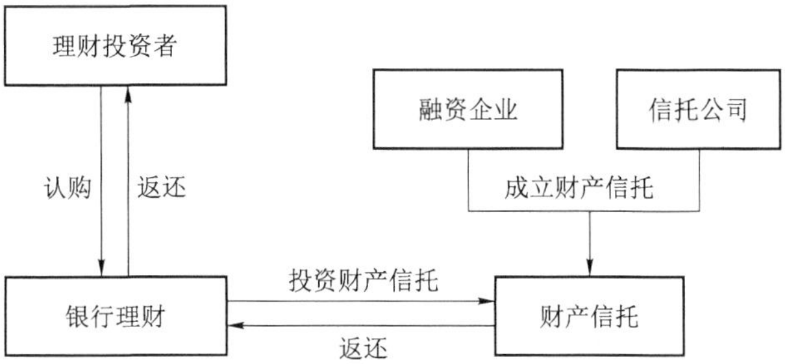

图 11-7 投资类银信合作产品流程图

① 王珏帅. 融资类银信合作产品结构演变和发展趋势分析［J］. 浙江金融，2011（4）：39-42.

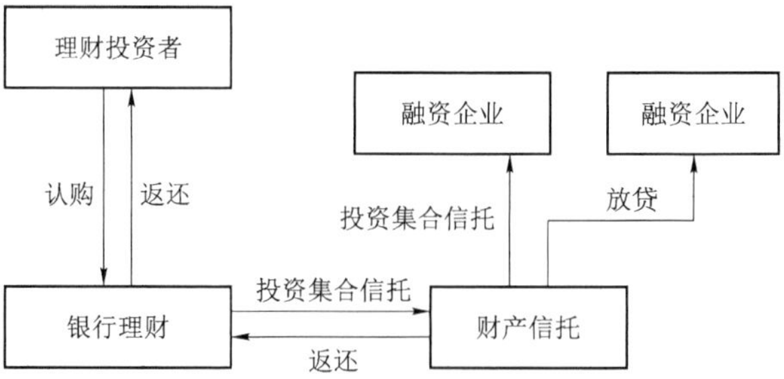

图 11-8　集合信托产品流程图

目前，银信合作的方式趋向于资产证券化（ABS），例如商业银行出售表内的权益资产，通过信托公司进行证券化，出售给机构，这种方式可以释放商业银行的贷款额度，与传统的银信通道业务相比更具创新性。上述的时序创新过程如图 11-9 所示。

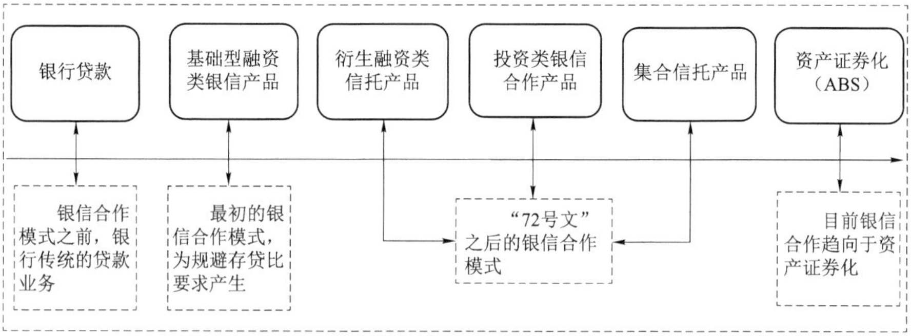

图 11-9　银信产品发展概述

三、实践案例：基于合约视角的结构分析

（一）信托主导的银信合作案例概况

1. 背景与项目交易结构

A 企业是房地产开发企业，A 企业于 2009 年 11 月通过竞拍获得北京市［2009］001 号地块，占地面积 100 亩。A 企业在竞得该地块后，

出资设立了子公司 B 企业。为了支付项目部分土地出让金，由 C 信托公司成立股权投资集合资金信托计划对 B 企业进行股权投资，用于该项目 D 开发①。项目交易结构见表 11-1。

表 11-1　　项目交易结构

融资金额	3 亿元	融资总成本	14%/年
融资人要求资金到位时间	2010 年 4 月	信托期限	1 年
信托公司收入	4%～5%/年	保管人（银行）保管费	1%/年
受益人预期收益	优先级 8%	项目发行计划	银行代销

2. 信托方的报备资料信息

项目还款来源包括：A 企业承诺支付股权转让价款并受让 A 企业自身持有的 B 企业 100%股权，A 企业以 D 项目销售回款作为股权转让价款的主要还款来源。当 B 公司四证齐全后，E 银行将安排房地产开发项目贷款。信托结构是：第一，C 信托公司依法设立规模为 65 000 万元的信托计划，期限为 1 年。优先级与劣后级的比例为 1∶1.17，其中，优先级份额为 30 000 万元，由 C 信托公司依法向合格投资者募集；劣后级份额为 35 000 万元，由 A 企业出资认购。（由于 A 企业已为 B 企业支付地价款实际投入 43 755 万元，信托计划需返还 A 企业 8 755 万元受让项目公司股权，信托计划剩余资金用于项目公司增资扩股。）第二，信托计划成立后，由 C 信托公司通过受让和增资方式持有 B 企业 100%股权。第三，信托计划优先级受益人获得预期收益，次级受益人以其认购的信托财产为限保障优先受益人的信托资金及根据信托文件计算的预期收益。第四，信托期限届满时，A 企业享有购买信托计划所

① 该案例摘自“豆丁文库”，各交易方名称已略去，原文中并未公布各项收益率尤其是受益人预期收益率，本文结合其他资料进行了大致估算。另外，由于在通道业务中，信用风险、流动性风险和市场风险由银行承担，因而其收益率一定会高于信托主导下的服务费收入水平。在单一信托下银行仅仅挣取服务费，而通道情况下仅挣取服务费的则变成了信托。此处的数据主要是象征意义，是为了反映两类型下主导者的换位。案例详见网址：http：//trust. hexun. com/2016-12-26/187502034. html。http：//www. 360doc. com/content/17/0605/16/34265476_660225812. shtml。

持有项目公司全部股份的优先受让权，其受让上述股权的价款为信托计划优先级信托资金与按照信托文件计算的预期收益之和。A 企业受让信托计划所持有项目公司全部股权后，C 信托公司按照约定比例将所持有的 B 企业的 100% 股份按照信托文件约定转让给 A 企业或其指定的第三方。该集合资金信托计划交易结构，如表 11-2 所示。

表 11-2　集合资金信托计划交易结构

投入	信托计划资金受让项目公司 100% 的股份，并将剩余信托资金用于对项目进行增资扩股，将资金用于补缴土地出让金及部分前期配套、工程费用
退出	1. 信托期限届满时，A 企业或其指定的第三方享有购买信托计划所持有项目公司全部股份的优先受让权，其受让上述股权的价款为信托计划优先级信托资金与按照信托文件计算的预期收益之和。A 企业受让信托计划所持有项目公司全部股权后，C 信托公司按照约定比例将所持有的 B 企业的 100% 股份转让给 A 企业或其指定的第三方，信托计划结束。信托财产在扣除信托费用和税费后优先向优先级受益人分配，以剩余资产向次级受益人分配
	2. 信托期限届满前 2 个月，如 A 企业或其指定的第三方不明确承诺行使购买信托计划所持有项目公司全部股权，C 信托公司有权通过处置项目公司全部资产、股份的方式将项目公司资产变现，用于向信托受益人进行分配。因此而导致信托计划延期的，延期期间优先级受益人的预期年化收益率将自动上调至 25%
项目管理及资金监管	1. C 信托公司原则上不参与 B 公司及项目的运营管理
	2. B 公司设董事会。其中 1 名董事由 C 信托公司提名，C 信托公司指定的董事享有 B 公司所有决议的一票否定权
	3. C 信托公司派驻资金监管人员，共同保管 B 公司公章、法人章、财务专用章、合同专用章等印信
	4. B 公司应分期编制详细的成本标杆、经营计划报告和项目现金流量预测表，经董事会通过后严格予以执行，并作为资金监管和测算 C 信托公司投资收益的基础。单项成本超过部分由 A 公司或者其关联公司补足，C 信托公司不再承担超出部分的成本

风险防范措施包括：第一，C 信托公司持有 B 企业 100% 股权；第

二，该信托计划采用结构化设计，A企业认购信托计划次级份额，次级受益人以其认购的信托份额为限，保障优先受益人的信托资金及预期收益；第三，本项目采用股权投资及增资扩股的方式，由信托计划取得项目公司100%的股份，由信托公司指派董事和财务总监，派驻现场监管人员，并控制印信，对项目实施全程监管。

3. 银行理财产品信息

E银行通过募集理财产品为信托计划进行融资，其银信理财交易结构，见表11-3。“2010年F理财计划”投资方式为信贷资产转让，是银行通过信托受益权转让方式实现理财资金获益，即为图11-6所示衍生融资类银信合作产品。该产品的理财投资者为个人，发行机构是E银行，C信托公司为“通道”，E银行以该理财资金购买“D项目信托受益权”，到期后个人投资者将获得相应的预期收益。

表11-3　　　　银信理财交易结构

产品名称	2010年F理财计划				
产品类型	银信产品	产品状态	在售	发行机构	E银行
理财币种	人民币	投资门槛	5万元	发售对象	个人
发行地	全国	发行时间	2010-03-21至2009-03-28	发行规模	30 000万元
成立时间	2010-03-29	到期清算日	2011-03-29	成立规模	—
产品期限	365天	期限类型	单一期限	预计收益	5%
收益类型	浮动型；非保本	投资方式	受益权转让	投资领域	房地产
投资管理类型	委托管理	投资管理人	—	资金托管行	E银行
资金托管费率	1%	申购赎回费率	0	实际收益率	—
交易结构	产品募集资金投资于C信托公司作为受托人管理的D项目的受益权				

4. 案例分析

银行贷款曾经是房地产开发企业融资的重要途径，随着金融风险加大，监管力度不断增强。2003年中国人民银行发布121号文《关于进一步加强房地产信贷业务管理的通知》，要求各商业银行停止向房地产开发企业发放新增流动贷款资金，只能进行项目开发贷款，且需满足一定要求。该政策出台后，对于大型房地产开发企业影响相对较小，但是对于民营小企业影响巨大，小企业几乎无法获得银行贷款。受限于银行贷款的局限性，房地产信托迅速发展，成为房地产开发企业主要融资来源。

上述案例中，A 企业曾经可以通过 E 银行直接贷款，随着金融风险凸显，受限于一系列监管约束，A 企业作为房地产开发企业必须满足一定条件才能通过 E 银行直接融资。其中，A 企业存在潜在融资需求，且 E 银行具有给 A 企业放贷的意愿，为了实现融资交易，便出现“理财+信托”的通道业务。简言之，A 企业找到 C 信托公司，信托公司成立 D 信托计划，再由 E 银行使用理财资金买入受益权，A 企业便间接从银行借到资金。

具体银信理财运作流程如图 11-10 所示。第一，E 银行作为理财产品创设机构与 C 信托公司洽谈关于为 A 企业放贷事宜，初步确定产品规模、运作模式、发行方式、发行时间、参考收益情况及产品存续期管理方案等。第二，E 银行与 C 信托公司分别对理财项目/信托项目进行尽职调查，比如融资地区的情况、行业环境、产品增信情况（是否有担保）、融资企业自身信用级别、财务状况（现金流、应收账款等指标）等。第三，经 E 银行审查审批同意后，E 银行与 C 信托公司根据相关规定分别向监管机构进行产品报备或报批。① 第四，E 银行与 C 信托公司签署信托合同、保管合同等相关合同文本，在 E 银行开立信托专户，作好产品发行的各项准备工作。第五，E 银行发行理财产品，向投资者募集理财资金，并于理财产品成立日将理财资金转入信托专户，购买该信托计划受益权。第六，根据相关协议约定，E 银行和 C 信托公司分别做好信托产品和理财产品的存续期管理及到期兑付工作。到期后，理财钱款将回到投资者个人银行账户。

---

① 2015 年起，银监会要求银行在理财产品推向市场的前 10 天向银监会或各地银监局报备。

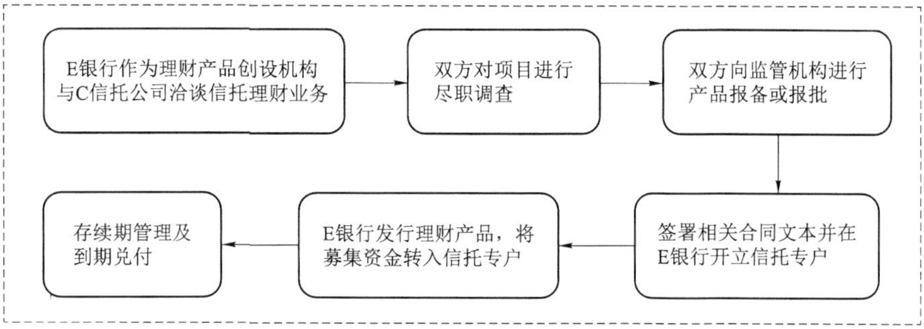

图 11-10　2010 年 F 理财计划办理流程

上述项目的整个交易过程，是 C 信托公司起主导作用。集合资金信托计划受益人不是唯一的，该案例中，受益人为 E 银行和 A 企业，C 信托公司发挥管理人作用严控风险，包括 C 信托公司提名 1 名董事，该董事享有 B 公司所有决议的一票否定权，C 信托公司派驻资金监管人员，共同保管 B 公司印信等。

E 银行获得的总收益为 4%，具体来源是：收取的信托计划保管费 1%，加上作为信托计划优先级受益人获得的收益 8%，再扣除支付给理财投资者的成本 5%；C 信托公司获得总收益为 4%～5%，包括信托报酬方式收取 2%，以及财务顾问费形式收取 2%～3%；A 企业的总融资成本为 14%，A 企业能够接受这个成本是整个交易实现的前提。银行客户购买该银信理财的收益为 5%（见表 11-4）。

表 11-4　　　　　信托主导型各参与者的收益及成本构成

E 银行收益构成	信托计划保管费为 1%	作为受益人的优先级收益 8%	承担的理财成本 5%
C 信托公司收益	信托报酬方式收取 2%	财务顾问费形式收取 2%～3%	
A 企业融资成本	14%	—	—
客户理财收益	5%	—	—

（二）银行主导的银信合作案例概况

1. 背景与项目交易结构

接前例，A企业在竞得该地块后，与其他两个股东共同出资设立了子公司B企业，A企业持有3 000万股，占比60%，为了支付项目部分土地出让金，由C信托公司成立单一信托对B企业进行股权投资，用于该项目D开发建设①。项目要素及交易结构见表11-5。

表11-5　项目要素及交易结构

名称	单一资金信托计划		
委托人（受益人）	E银行	出让人/回购人	A企业
信托金额	3亿元	信托期限	24个月
受益人预期收益	12%/年	回购方式	每三个月支付一次
信托收益分配方式	按季分配	信托报酬率	1%/年
信托目的	委托人基于对受托人的信任，自愿将其合法拥有的资金委托给受托人，指定受托人增资受让股权，到期转让股权并定期获取信托收益		
保证方式	增资扩股50%，3 000万股股权质押，B企业连带担保，提供D项目用地和在建工程抵押		

2. 信托方的报备资料信息

项目还款来源包括：信托期满，A企业将以其收回的工程结算资金回购上述B企业50%股权，作为股权转让价款的主要还款来源。当B公司四证齐全后，E银行将安排房地产开发项目贷款。信托结构是：C信托公司依法设立规模为30 000万元的信托计划，期限为24个月。信托计划成立后，由C信托公司通过增资方式持有B企业50%股权，同时，A企业将自身持有的3 000万股质押给C信托公司作为质押担保。期满后（满18个月后可提前回购），A企业（出让人）按原价回购C

① 该案例摘自“百度文库”，各交易方名称已略去，原文中并未公布各项收益率尤其是受益人预期收益率，本文结合相关数据对此进行了估算。

信托公司持有的B企业50%的股权。同时，信托股权转让行权费及其支付方式约定为：自信托成立之日起每满三个月之日，A企业向C信托公司支付900万元（3亿元×12%/年×1/4）行权费，但信托期限届满前最后一期行权费应于信托期满前一个月支付。信托期满，A企业将以其收回的工程结算资金回购上述B企业50%股权。B企业承担连带担保责任，并提供D项目用地（评估价值16 269.48万元）和在建工程（已投入23 900万元）作为抵押。

C信托公司作为受托人按照信托合同的约定管理、运用和处分信托财产，以获取的信托财产在扣除约定的信托报酬和信托费用（1%/年）后支付给受益人。该信托为自益信托，受益人为委托人本人，即E银行。

风险控制措施包含但不限于以下三项：第一，担保人B企业承担连带保证责任可以有效降低信托财产的风险，且B企业承诺在信托期间，每月提供销售明细及银行对账单，作为受托人对销售情况进行监管的依据。第二，该单一信托设定抵押物使信用增级。第三，受托人不承诺信托财产不受损失亦不保证信托财产的最低收益，受托人信托合同及信托文件约定管理信托财产所产生的风险，由信托财产承担。

3. 银行理财产品信息

E银行通过募集理财产品为信托计划进行融资，具体情况与信托主导型银信合作大体一致。该产品的理财投资者为个人，发行机构是E银行，C信托公司为“通道”，E银行以该理财资金购买“D项目信托受益权”，到期后个人投资者将获得相应的预期收益。类似该案例的银信合作，银行往往使用理财资金池的资金进行投资，每笔资金并不明确披露投资方向，直至2014年“99号文”出台，规定信托公司不得开展非标准化理财资金池等具有影子银行特征的业务，商业银行才将具体的理财资金投向相应的信托项目。

4. 案例分析

上述项目的整个交易过程，是E银行起着绝对主导作用。在E银行与C信托公司合作之前，E银行已充分了解A企业的融资需求，并判断项目风险状况，确定风险可控之后才会进行银信合作。由于C信托公司成立单一信托需向银监会报备，C信托公司要确保资料通过审核，获得银监会批复才能募集资金，因此C信托公司的调查报告中会尽量体现信托计划风险可控，达到银监会的审批标准。这个案例也印证了在当时的情况下，信托公司在银信合作通道业务中，只是作为通道存在，并不进行风险把控，从而“111号文”要求信托公司在银信合作中应坚持自主管理原则，信托公司应以受人之托、代人理财为本发展自主管理类信托业务，并且信托公司作为受托人，不得将尽职调查职责委托给其他机构。

商业银行之所以能够主导部分银信合作，一是因为资金牢牢掌握在银行手中，二是因为项目端的客户资源掌握在银行手中。在该案例中，E银行获得的总收益为8%，包括收取的信托计划保管费1%，以及作为信托计划受益人获得的收益12%，再扣除支付给理财投资者的成本5%；C信托公司获得总收益1%；A企业的总融资成本为14%，A企业能够接受这个成本是整个交易实现的前提；银行客户购买该银信理财的收益为5%（见表11-6）。

表11-6　　银行主导型各参与者的收益及成本构成

E银行收益构成	信托计划保管费为1%	作为受益人获得的收益12%	承担的理财成本5%
C信托公司收益	通道费为1%	—	—
A企业融资成本	14%	—	—
客户理财收益	5%	—	—

在银信合作过程中，抽屉协议较为普遍，即存在一份用于监管报备的合同，以及一份私下的协议，不同交易类型中的抽屉协议形式有所差别，但目的都是为了降低信用风险。在该案例中，公开报备合同的交易结构是满足监管要求的，私下协议是受托人C信托公司在成立信托计划的过程中，要求项目方A企业签署的进行反担保的协议，规定了风

险的实际承担方是 A 企业。实际上，最终 E 银行留存该协议，该协议具备法律效力，一旦出现兑付风险，C 信托公司往往撇清自身的责任，银行便会拿出该协议进行追讨，实现利益最大化。监管层为了防止银行以抽屉协议的形式规避监管，2014 年银监会颁布“99 号文”，要求金融机构之间的合作业务必须以合同形式明确风险责任承担主体。

本文两个案例均为房地产企业融资的银信合作项目，分别通过集合资金信托计划和单一信托为项目方融资，前者可以看作信托主导，后者为银行主导。通过对比以上两个案例可以看到，银行主要通过如下两个途径确保自己的主导地位，并使得信托成为事实上的通道：第一，在收益分配方面，对于银行主导型银信合作，银行在与信托的谈判中通过规定较高的受益人收益率（12%）来确保自己能够分得较高份额，而分配给信托方的管理费往往较低（1%）。第二，在风险控制方面，银行以不同方式的抽屉协议来控制企业信用风险。

四、理财通道合约蕴含的社会福利增加及其锁定

（一）交易属性与社会福利效应

通道业务交易属性大致可概括为以下几个维度：第一，我国目前金融体系不健全，企业融资渠道不畅，因此存在较大的融资需求。这是金融创新的需求侧因素，并成为金融创新的动力来源。近年来，我国经济发展速度保持在较高水平，实体经济对资金的需求旺盛，但企业融资难、融资贵的问题一直是制约企业发展的重要因素①。同时，作为金融三大支柱行业之一的银行业受到严格的金融监管，银行的资金想要获得一个相对高的收益只能借助通道业务规避监管。而其他金融机构与银行业存在不完全竞争，缺乏资金成本优势，也为银行通道创新提供了基础。第二，征信体系不健全，投资者（即理财产品购买者）与企业之

① 霍海龙．通道业务的风险［J］．中国金融，2015（24）：88-89.

间很难实现直接融资交易，金融创新必须有金融中介的能动性参与才行。这样看来，银行在理财通道中的作用，在一定程度上类似于中国有担保的P2P平台，两者都是牵头设计并撮合了投资者与借款人之间的直接金融合约。从这一角度看，银行通过与信托、券商、基金子公司以及保险等机构的合作，创新出了新的资金“管道”，虽然蕴含了新的金融风险，但仍然具有相应的福利含义。第三，分业监管带来了监管套利业务的潜在空间，使得金融中介创新以更高的概率选择通道型金融创新。我国金融行业具有分业经营、分业监管的固有特点，使得我国银行区别于国外的全能型银行，通过开拓通道业务，借信托、券商等平台能够获得相对高的收益。第四，作为高声誉主体的银行，具备吸引投资者进入的可能性。银行十分注重自身的声誉，因为一旦发生理财产品到期无法兑付的现象，即便是合同中约定的非保本型理财，投资者也会无限放大该事件风险，对该银行下一期的理财产品产生违约的先验概率。

从最初的基础通道产品，到后来的受益权转让等时序创新，通道合约的动态创新过程也是监管部门和银行的动态博弈过程。银行主导的银信合作创新围绕着两点展开：一是通过设计不同的产品结构，优化银行资产负债表，从而规避金融监管；二是借助各类通道，拓宽银行理财业务线，从而实现融资交易目的①。

近期，部分网络报道过度解读了证监会的新闻发布，认为证监会要禁止券商和基金子公司的通道业务，但事实上，监管机构的真实意愿是让券商和信托等通道方加强金融风险防范、发挥自身的管理能力，而并非完全禁止通道业务。银信合作通道合约的创新，既能提高资金配置效率，也能提高银企的收益水平。这也是银行实施监管套利创新、推出理财信托通道的动力所在。当然，作为影子银行的组成部分，这样的创新可能导致风险的增加，但只要保持监管与创新的平衡，监管部门可通过加强信息披露等措施予以缓解风险。从其蕴含的微观创新角度看，该案例具有参考价值。

---

① 殷剑峰，王增武．影子银行与银行的影子——中国理财产品市场发展与评价（2010—2012）[M]．北京：社会科学文献出版社，2012.

（二）理财信托产品的风险控制与社会福利锁定

1. 各类主体的权责分析

在通道业务模式下，银行既负责资金募集，也负责寻找目标企业，信托仅仅作为通道，为银行规避监管提供便利。银行也要自行承担信用风险，一旦产品出现兑付问题，银行通常会用理财资金池中的资金偿付本息，作为通道的信托公司无需承担风险。信托公司将这种纯通道业务归为事务管理型业务（不同于主动管理型业务），若产品出现兑付问题，信托公司便会进行“现状分配”，无需承担任何偿付义务。

2. 银行声誉的作用

银行的声誉从某种程度上是对投资人收益的一种保障。银行声誉效应的存在，使得投资者在对存款与理财这两类投资方式的风险评价上，并无太大的差异，这有助于银行解决实施通道合约创新中的吸引作为资金供给方的投资者“参与积极性”的问题。银信理财产品从投资者所承担风险级别的角度可分为保本理财产品与非保本理财产品，在合同中有所约定。目前，对于保本理财产品，相当于银行做了担保，与其资产端的投资能否保本无关，一旦投资受损，银行将用理财资金池中的资金进行弥补①；对于非保本理财产品，虽然投资合同约定银行不承担损失，但银行为了保证下一期理财产品能够顺利发售出去，大都采取“刚性兑付”②。

3. 银行对通道融资的风控机制

在银行贷款与银信合作的纯通道业务这两种模式中，均是银行作为主导方，因此这两种模式中银行获知贷前和贷后的信息大体一致。但由于贷款属于银行表内业务，严格受到监管，商业银行在通道业务风控机

① 刘晶，刘亚，田园．中国商业银行资金池理财产品监管探析［J］．现代经济探讨，2013（8）：61-65.

② 资料来源：http：//dwz.cn/63DgoL。

制上应区别于贷款业务，或者说应更为严格地把控风险。对于通道业务，银行往往通过多种形式避免入表，由此银行应做到规避理财业务的期限错配。①

在担保条件方面，银行贷款都设有担保条件，银信理财模式下的信托计划也设有担保，两种担保力度相似。传统的贷款业务担保方式有抵押、质押、保证、抵押+保证这四种，担保降低了因贷款企业不能归还贷款本息而对银行造成的损失。在理财信托模式下，信托计划包含必要的担保措施，一般是项目方自身提供担保，或引入第三方担保公司进行担保，从而保障投资人的收益。

对于银信合作的纯通道业务，在风控措施方面，一是银行通过设定较高的受益人收益率来获取较高收益，二是银行借助信托公司以抽屉协议降低借款企业违约风险。银行通过合同的形式限制信托的权利，保护自身的权益最大化。此类抽屉协议表面上是信托公司与企业签署的，要求企业提供反担保，规定了风险的实际承担方是该企业，实际却是银行对资金回流的保障措施。银行对于信托公司有绝对的掌控能力，因为资金和融资人均控制在银行手中，信托公司为了能够获得长远的持续收益，只能按照银行的意图扮演纯通道角色，因此对于银行来说，防范通道业务风险的关键是做好对企业的风控。

从各交易方的角度来看，银信合作的通道业务与银行传统贷款业务相比，银行的交易成本并没有太大变化，只是交易方式发生改变，变为通过中间业务赚取收益从而实现利润。信托公司通过银信合作获得业务规模的扩张，赚取通道费用，并且事务管理型业务无需承担信用风险。而对于资金需求企业，虽然贷款总成本有所增加，但也达成了融资目的。

银行通道业务与贷款业务相比，一方面，在银信合作中银行仍是起绝对的主导作用，因此银行有动力持续创新；另一方面，通道业务模式下银行获取的信息并未减少，风险控制能力并未明显减弱，因此微观层

① 程鹏亮．监管新规对银行理财业务的影响——基于理财业务盈利模式的实证研究［J］．上海金融，2017（1）：49-54.

面上的风险是可控的。锁定社会福利的关键，是控制好理财信托产品的信用风险，即防止借款人违约。因而，不能完全否认其作为监管套利创新所具有的现实意义，关键是要保持监管与创新之间的平衡。

五、仍然存在的问题及改进建议

（一）仍然存在的问题

第一，微观层面合理但宏观累积效应未必合理导致的系统性风险上升。从微观层面来看，银信合作的通道业务是基于银行贷款这种传统业务的创新，通道业务结构的时序创新又源于监管方政策的不断变化。由于监管套利的存在，商业银行始终有足够的动力去进行交易结构创新，商业银行与监管机构的重复博弈行为会产生更为复杂、风险更高的产品，最终导致系统性风险不断上升。

第二，监管部门的监管措施对商业银行意味着政策性风险。面对一系列的监管政策，从商业银行自身角度出发，应明晰通道业务蕴含的风险，加强风控措施建设，避免为追求短期利益而产生过高的政策风险。

第三，中间人攫取灰色收入推高企业成本蕴含的风险。信托公司通过提供通道便利，每单业务完成之后可得百万元以上净收益，又无需承担风险，这种收益与风险的不匹配便滋生出攫取灰色收入的中间人。信托公司为了争取到银行的项目，私下承诺可以以财务顾问费的形式返还中间人一部分资金，中间人是能够主导银行项目的关键人物，有时是一个长链条的中间人。中间人的出现会推高项目方的融资成本并导致信用风险的上升。

（二）完善思路

监管部门要发挥主体责任，营造更好的创新环境，使微观创新与宏观风险可控相协调。监管机构在进行严要求的过程中，也要进一步研究并出台一系列支持信贷的政策，实现多元化的融资体系，比如，在风险总体可控的前提下，发展 ABS 业务，将信托资产通过 ABS 进行转移，通过增强信托模式的吸引力来降低监管套利的空间。

落实信托等金融机构的主体责任。对于信托公司或者券商等金融机构而言，在银信合作业务当中，不应仅仅充当通道，要从本质上充分发挥管理人作用，做好项目风险把控，承担管理人风险，从而缓解商业银行体系中蕴含的系统性风险。为了防止银信合作业务中，信托公司仅在名义上把控项目风险，可以考虑通过监管限制银行的最高收益率、限制信托方的最低收益率，来鼓励信托发挥能动性。

中间人现象不仅在通道业务中存在，在其他的金融业务中也较为常见。只要各项费率不是严格规定为固定费率，就很难避免出现中间人攫取利益，面对该问题，可从以下三个方面进行适当控制：一是各项费率透明化，披露出来的信息越多，中间人可获得利益越小；二是司法定性增加灰色收入行为的成本；三是提升金融机构人员整体职业素质，建立职业信用体系，增强对相关人员的道德约束。

思考与讨论

1. 简述通道业务产生的原因。

2. 简述通道业务的时序创新过程。

3. 信托主导型银信合作与银行主导型银信合作有哪些本质区别？

4. 银行在开展理财通道业务时会面临什么样的信用风险？谈谈你对银行应对措施的看法。

附录　金融创新应用案例分析作业的设计要求

一、分组原则

原则上 4 人一组。

二、小组作业形式

1. 案例分析论文的篇幅与版式

文件名格式：组长学号+组长姓名+题目。

字数：1 万～1.5 万字。小四、宋体，行间距为 1 行，分段间隔为 1.5 倍行距。

首页显示“组长及成员的姓名与学号信息”。

2. PPT 文档汇报

文件名格式：组长姓名+题目。

首页显示“题目、组长及成员信息。”

除首页与尾页外，内容部分控制在 15 页以内。

三、分析报告的内容结构

××创新案例分析

摘要（350 字以内）：

关键词（3～5 个）：

一、××创新的基本背景

（一）针对的是什么领域的什么业务

是哪个领域的创新？具体针对了什么样的需求？比如，支付宝针对的就是陌生人之间的买卖交易问题。要把该创新所服务的对象描述出来。

（二）原有模式的运行状况

该创新出现之前，相关领域的业务是如何运行的？比如，支付宝出现前，陌生人之间的交易是如何进行的？存在大量交易或双方互不信任，因而没有交易，等等。可以描述得细致一些。

二、原有模式的痛点

（一）原有模式的痛点是什么

原有模式存在问题或效果还不是足够好，最主要的痛点（即主要障碍）是什么？

（二）原有模式下为什么会存在这个痛点

这个痛点是如何形成的？痛点的来源？比如，技术不够先进，组织建设程度不足等。

（三）要解决这个痛点，面临的最大障碍是什么

三、××创新的作用效果分析

（一）创新类型的分析

该金融创新属于技术进步型创新还是组织建设（合约）型创新，抑或兼而有之？

（二）该创新是否解决了上述痛点？是如何克服前述困难解决上述痛点的？解决的程度如何

以组织建设型创新为例，可以围绕下面四个问题：第一，新模式如何更好地控制了风险？第二，这对投资者认为该业务可靠的先验概率带来了多大影响？第三，投资者先验概率的提高又给投资者规模带来了多大影响？第四，金融机构的预期收益估计。

四、你认为目前的创新模式依然存在的主要痛点是什么

（一）对该痛点的描述

（二）该痛点为什么会存在

（三）解决该痛点面临的困难

五、进一步解决痛点的创新方案

（一）你的创新设想

准备采用技术进步型创新还是组织建设型创新？抑或综合运用？具

体是哪一种技术（对其进行介绍）或什么样的组织建设。

（二）描绘出创新方案的运行机制

（三）可行性分析

如何克服相关的障碍和困难？

（四）预期效果的评估

参考文献

[1] Henry Sanderson, Michael Forsythe. China's Superbank [M]. NY: Bloomberg Press, 2013.

[2] Kahneman Daniel, Tversky Amos. Prospect theory: An analysis of decision under risk [J]. Econometrica, 1979, 47 (2): 263-291.

[3] Oliver Hart. Financial contracting [J]. Journal of Economic Literature, December 2001, XXXIX : 1079-1100.

[4] 德隆·阿西莫格鲁，詹姆斯·A. 罗宾逊. 国家为什么会失败 [M]. 长沙：湖南科学技术出版社，2015.

[5] 埃德温·H. 尼夫. 金融体系：原理和组织 [M]. 北京：中国人民大学出版社，2005.

[6] 富兰克林·艾伦，道格拉斯·盖尔. 比较金融系统 [M]. 北京：中国人民大学出版社，2002.

[7] 奥利佛·威廉姆森. 资本主义经济制度 [M]. 北京：商务印书馆，2002.

[8] 富兰克林·艾伦，伦·雅戈. 金融创新力 [M]. 北京：中国人民大学出版社，2015.

[9] 奥利弗·哈特. 企业、合同与财务结构 [M]. 上海：上海人民出版社，2006.

[10] 奥利弗·哈特. 不完全合同、产权和企业理论 [M]. 上海：格致出版社，上海三联书店，上海人民出版社，2011.

[11] Y·巴泽尔. 产权的经济分析 [M]. 上海：上海三联书店，上海人民出版社，1997.

[12] 肯·宾默尔. 博弈论教程 [M]. 上海：格致出版社，2010.

[13] 罗伯特·默顿，兹维·博迪. 金融体系的设计：金融功能与制度

结构的统一［M］//吴敬琏．比较（17）．北京：中信出版社，2005.
［14］帕特里克·博尔顿，马赛厄斯·德瓦特里庞．合同理论［M］．上海：上海人民出版社，2008.
［15］卜永祥．中国经济结构失衡加剧与开发性金融的错［J］．经济学动态，2004（12）.
［16］陈元．政府与市场之间：开发性金融的中国探索［M］．北京：中信出版社，2012.
［17］陈志武．金融的逻辑1：金融何以富民强国［M］．西安：西北大学出版社，2014.
［18］邓宏图，宋高燕．评经济人“理性”——历史理性的构建及其解释力［J］．中国社会科学季刊，2017（2）.
［19］阿夫纳·格雷夫．大裂变：中世纪贸易制度比较和西方的兴起［M］．北京：中信出版社，2008.
［20］龚明华．发展中国家的金融制度设计：一个分析框架［J］．金融研究，2003（5）.
［21］国家开发银行信贷管理局·对外经济贸易大学金融学院联合课题组．制度优势与方法创新：国家开发银行中长期信贷管理方法与实践［M］．北京：对外经济贸易大学出版社，2016.
［22］黄达．金融学［M］．北京：中国人民大学出版社，2014.
［23］黄达．金融（词义、学科形势、方法及其他）［M］．北京：中国金融出版社，2005.
［24］黄少安．制度经济学［M］．北京：高等教育出版社，2011.
［25］江春．产权制度与微观金融［M］．北京：中国物价出版社，1999.
［26］江春．论金融市场的微观基础［J］．中央财经大学学报，1998（2）.
［27］江春．新制度金融学探索［J］．经济学动态，2002（6）.
［28］江春，王鸾凤．发展中国家金融发展的制度分析［J］．财经科学，2009（4）.
［29］弗兰克·H·奈特．风险、不确定性与利润［M］．北京：中国人

民大学出版社，2005.
[30] 道格拉斯·C·诺斯. 制度、制度变迁与经济绩效［M］. 上海：格致出版社，2014.
[31] 道格拉斯·C·诺斯，罗伯特·托马斯. 西方世界的兴起［M］. 北京：华夏出版社，2009.
[32] 道格拉斯·C·诺思，等. 暴力与社会秩序［M］. 上海：格致出版社，2017.
[33] 青木昌彦. 比较制度分析［M］. 上海：上海远东出版社，2001.
[34] 瞿强，王磊. 开发性金融的理论逻辑［J］. 新金融评论，2014（2）.
[35] 贝尔纳·萨拉尼耶. 合同经济学［M］. 上海：上海财经大学出版社，2008.
[36] 生柳荣. 当代金融创新［M］. 北京：中国发展出版社，1998.
[37] 孙国峰. 开发性金融的逻辑［J］. 清华金融评论，2014（7）.
[38] 王华庆. 金融创新：理性的思考［M］. 上海：上海远东出版社，2011.
[39] 王剑锋. 金融创新"中国化"视角下P2P金融监管之辨［J］. 探索与争鸣，2016（10）.
[40] 王江. 金融经济学［M］. 北京：中国人民大学出版社，2006.
[41] 谢识予. 经济博弈论（第三版）［M］. 上海：复旦大学出版社，2010.
[42] 穆罕默德·尤努斯. 穷人的银行家［M］. 北京：三联书店，2012.
[43] 约瑟夫·熊彼特. 经济发展理论［M］. 北京：商务印书馆，1990.
[44] 张杰. 金融分析的制度范式：哲学观及其他［J］. 金融评论，2013（2）.
[45] 张杰. 金融分析的制度范式：制度金融学导论［M］. 北京：中国人民大学出版社，2017.
[46] 张杰. 认识"制度金融学"［J］. 中国金融，2010（5）.
[47] 张杰. 制度金融理论新发展［J］. 金融博览，2016（8）.

[48] 张杰. 制度金融理论的新发展：文献述评 [J]. 经济研究，2011 (3).
[49] 张杰. 制度金融学的起源：从门格尔到克洛尔 [J]. 东岳论丛，2010 (10).
[50] 张杰. 中国金融制度的结构与变迁 [M]. 太原：山西经济出版社，1998.
[51] 张卫东. 新制度经济学 [M]. 大连：东北财经大学出版社，2010.
[52] 张维迎. 博弈论与信息经济学 [M]. 上海：上海人民出版社，1996.